中学生课外阅读名著系列

经典常谈

名家导读注解版

姚建彬　主编
朱自清　著

朝華出版社
BLOSSOM PRESS

图书在版编目（C I P）数据

经典常谈 ： 名家导读注解版 / 朱自清著 . -- 北京 ：
朝华出版社， 2024.7
（中学生课外阅读名著系列 / 姚建彬主编）
ISBN 978-7-5054-5269-5

Ⅰ . ①经… Ⅱ . ①朱… Ⅲ . ①社会科学－古籍－介绍
－中国 Ⅳ . ① Z835

中国国家版本馆 CIP 数据核字 (2023) 第 199770 号

经典常谈（名家导读注解版）

作　　者　朱自清

选题策划　马识程
责任编辑　张倜然
责任印制　陆竞赢　崔　航
装帧设计　王岸秋

出版发行　朝华出版社
社　　址　北京市西城区百万庄大街 24 号　　**邮政编码**　100037
订购电话　(010) 68996522
传　　真　(010) 88415258 (发行部)
联系版权　zhbq@cicg.org.cn
网　　址　http://zhcb.cicg.org.cn
印　　刷　唐山富达印务有限公司
经　　销　全国新华书店
开　　本　690mm × 980mm　1/16　　**字　　数**　120 千字
印　　张　9
版　　次　2024 年 7 月第 1 版　2024 年 7 第 1 次印刷
装　　别　平
书　　号　ISBN 978-7-5054-5269-5
定　　价　35.00 元

前言

呈献在读者面前的这套“中学生课外阅读名著系列”丛书，是专门为中小学生、从事中小学语文教育与研究的老师、基础教育管理者，以及热爱中外文学的社会各界人士编撰的入门性读物，包括《西游记》《红楼梦》《三国演义》《水浒传》《经典常谈》《骆驼祥子》《朝花夕拾》《唐诗三百首》《简·爱》《钢铁是怎样炼成的》《格列佛游记》《海底两万里》《寂静的春天》《昆虫记》，一共 14 部中外经典作品。

自有语言文字记载以来，人类创作的文学作品浩如烟海；在浩如烟海的文学作品之中，代表人类文明高度和精华的经典作品不可胜数。在个体的有限生命历程中，我们要自觉地做一个经典的爱好者和研读者。对于任何一个民族来说，经典可以说是其民族智慧、审美情趣、情感结构、人生经验、世界观、人生观、价值观等最为集中、最为凝练、最为典型的表达。经典所蕴含的丰富多元的价值，既具有永恒性，也具有相对性。人生有涯，而知无涯。让我们把有涯的生命，沉浸到亲近无涯经典、品读无涯经典的无限快乐之中吧。

我们精选的这套国内外名著导读，既有针对中外长篇小说所作的精彩阐释和解读，也有针对科普作品、科幻小说、中国古典唐诗和现代散文所作的阐发，内容不可谓不丰富，文类不可谓不多样，时代有古今，地域有中外。我们希望通过这样的安排，带给读者朋友们一种联通世界、纵观古今的视野，在涵泳经典的过程中，自觉地培育一种从中国出发来阅读世界，又从人类整体来感知中国的当代意识。

名著是人类成长进步的阶梯，编写这套“中学生课外阅读名著系列”丛书，我们希望为喜欢品读经典的读者朋友们的人生进步旅程提供精神阶梯。我们精心挑选的这 14 部中外名著，只是喜欢经典的朋友们在一生的阅读旅程中所遇到的阶梯之一。诚然，我们诚挚希望我们倾心打造的这套书，能够成为醉心于经典的读者朋友们不断前进的阶梯。除此之外，我们还希望喜欢这些名著的读者朋友们能够有意识地培养循序渐进的阅读习惯，就如同沿着人生的阶梯拾级而上，而不要期望一口吃成个胖子，更不要指望一步登天。

名著是能给人们以警示和深远影响的著作，亲近名著，会让读者对阅读产生兴趣，从而引导读者到经典的大路上去。如果读者能把我们这套“中学生课外阅读名著系列”当作一艘船，航行到名著的海里去，编撰者将会十分荣幸。

北京师范大学文理学院中文系系主任

姚建彬

目录

CONTENTS

导读

中华文化是一部博大精深的历史长卷，蕴含着中华民族数千年的智慧与经验。国学经典作为中华文化的瑰宝，占据着举足轻重的地位。它汇聚了古代先贤的智慧与思想，是中华民族的精神家园。在封建时代，儒学经典“四书五经”，是每个读书人的必读书目。20 世纪初，教育改革如火如荼地展开，特别是新文化运动后，新式多学科教育逐渐取代传统经学教育。然而，这并不意味着应放弃经典阅读的训练。了解并传承国学经典，是青年一代的历史使命。朱自清先生的《经典常谈》一书，正是经典训练极佳的入门读物，也是普及中国优秀传统文化的典范之作。

《经典常谈》畅销了八十余年，到今天仍然保持着旺盛的生命力。它不仅为我们揭示了经典文化的内涵，更在引导我们正确阅读和理解经典方面发挥了重要作用，帮助我们更好地了解中华民族的历史与文化，增强民族自豪感和文化自信。

1. 朱自清：文学巨匠一生的贡献

朱自清，原名自华，后改名自清，字佩弦，号实秋，出身于江苏一个书香门第，自幼受到良好的家庭教育。青年时期，他考入北京大学预科，后转入哲学系本科，毕业后在浙江、江苏等地的中学任教。朱自清一生历经坎坷，但他始终坚守着文学与学术的理想，致力于推动中国文学的发展。

朱自清的文学创作涵盖了散文、诗歌、文学评论等多个领域。他的散文作品情感真挚、意境深远，具有极高的艺术价值，代表作《荷塘月色》《背影》等被收入中学语文课本。朱自清的诗歌创作也颇具特色，他的诗歌既体现了现代主义的精神，又融合了传统诗歌的韵味，展现出了独特的艺术魅力。

在学术研究方面，朱自清也有着卓越的贡献。他致力于中国古代文学、现代文学以及文艺理论的研究，提出了许多独到的见解。他的学术著作如《诗言志辨》等，对于推动中国文学研究和学术发展具有重要意义。

朱自清在中国文学史上占有举足轻重的地位。他的文学创作和学术成就不仅为中国文学的发展注入了新的活力，也为后来的文学家和学者提供了宝贵的启示和借鉴。他的散文作品影响了一代又一代的读者，成为中国现代文学的经典之作。同时，他的学术观点和研究方法也为后来的文学研究提供了重要的参考和依据。

2.《经典常谈》的成书过程

《经典常谈》原名《古典常谈》，是融合了学术研究和普及教育两方面目的的精心之作。其成书背景，既体现了朱自清的学术造诣，也反映了当时社会对于国学传承与普及的迫切需求。

1938 年至 1942 年，朱自清在昆明西南联合大学（简称西南联大）任教。西南联大由因战火南迁的北京大学、清华大学、南开大学合并而成。师生们虽然处于战乱之中，却始终坚持学术自由，追求科学真理。在这样的环境下，朱自清开始思考如何以深入浅出的方式，向广大读者介绍中国古代的经典文献。

在《经典常谈》中，朱自清按照传统的经史子集的顺序，把中国古代重要文献典籍的基本知识，用简练明晓的文字加以介绍，真正做到了通俗易懂。

经过精心编撰，《经典常谈》于 1942 年 2 月在西南联大完成初稿，同年 8 月，由国民图书出版社首次出版。这部著作以其独特的学术价值和普及教育的意义，受到了广大读者的热烈欢迎和高度评价。这部著作以其深入浅出的阐释方式，为广大读者打开了一扇了解中华传统文化的大门，也为后来的国学研究和普及教育提供了宝贵的借鉴和启示。

3.《经典常谈》的主要内容

《经典常谈》一书用十三个专题介绍了一些主要的古代经典，分别是：《说文解字》、《周易》、《尚书》、《诗经》、“三礼”、“春秋三传”、“四书”、《战国策》、《史记》与《汉书》、诸子、辞赋、诗、文。书中的所谓“经典”，是包括群经、先秦诸子、几种史书和集部一些著作在内的广义的国学经典，并不仅限于儒家的“十三经”。

叶圣陶先生在《读〈经典常谈〉》中介绍《经典常谈》是一些古书的“切实而浅明的白话文导言”。朱自清先生用简洁明了的语言，贯之以精妙的散文写作手法，梳理了从《说文解字》、“四书五经”到辞赋诗文的一些国学经典，使这些艰深繁复的理论变得轻盈生动，引导读者进入经典的世界。例如，书中对文字起源做了如下解读：

中国文字相传是黄帝的史官叫仓颉的造的。这仓颉据说有四只眼睛，他看见了地上的兽蹄儿鸟爪儿印着的痕迹，灵感涌上心头，便造起文字来。文字的作用太伟大了，太奇妙了，造字真是一件神圣的工作。但是文字可以增进人的能力，也可以增进人的巧诈。仓颉泄漏了天机，却将人教坏了。所以他造字的时候，“天雨粟，鬼夜哭”。人有了文字，会变机灵了，会争着去作那容易赚钱的商人，辛辛苦苦去种地的便少了。天怕人不够吃的，所以降下米来让他们存着救急。鬼也怕这些机灵人用文字来制他们，所以夜里嚎哭；文字原是有巫术的作用的。

书中还梳理了经典的源流，从现存的中国最早的文——商代的卜辞开始，到春秋时期的辞令、战国时代的辩士说辞，再到后来的辞赋、佛典翻译、群经义疏等，展现了中国经典文化的丰富多样与不断演变的历程。不仅让我们对经典文化的历史脉络有了清晰的认识，也让我们对中华文化的博大精深有了更深的体会。另外，朱自清还解读了《论语》《道德经》《易经》等多部经典著作蕴含的哲学思想、人生智慧和文化内涵。他像一个巧妙的说书人，将原本复杂的故事剖析清楚，让我们可以更好地理解这些经典著作，从中汲取养分。

当然，阅读经典著作并非易事。在《经典常谈》中，朱自清先生还为我们提供了一些阅读经典著作的方法与技巧。阅读经典著作要有耐心和恒心，要用心去体会经典著作中的每一个字句；要结合自己的实际情况，将经典著作中的智慧转化为自己的行动指南。

总而言之，《经典常谈》一书以其独特而深入的解读方式，为我们展示了中华经典文化的魅力与价值。它让我们对中国经典文化有了更清晰的认识和理解，为我们提供了阅读和理解经典著作的方法和思路。这本书不仅适合青少年阅读，也适合所有对中华文化感兴趣的人阅读。

在这个信息爆炸的时代，我们很容易迷失在纷繁复杂的信息中。而阅读经典著作，正是我们回归内心、寻找智慧的重要途径。让我们以《经典常谈》为引导，走进经典的世界，感受古人的智慧与情怀。

北京师范大学文理学院中文系系主任

姚建彬

序

在中等以上的教育里，经典训练应该是一个必要的项目。经典训练的价值不在实用，而在文化。有一位外国教授说过，阅读经典的用处，就在教人见识经典一番。这是很明达的议论。再说做一个有相当教育的国民，至少对于本国的经典，也有接触的义务。本书所谓经典是广义的用法，包括群经、先秦诸子、几种史书、一些集部；要读懂这些书，特别是经、子，得懂“小学”，就是文字学，所以《说文解字》等书也是经典的一部分。我国旧日的教育，可以说整个儿是读经的教育。经典训练成为教育的唯一的项目，自然偏枯失调；况且从幼童时代就开始，学生食而不化，也徒然摧残了他们的精力和兴趣。新式教育施行以后，读经渐渐废止。民国以来虽然还有一两回中小学读经运动，可是都失败了，大家认为是开倒车。另一方面，教育部制定的初中国文课程标准里却有“使学生从本国语言文字上，了解固有文化”的话，高中的标准里更有“培养学生读解古书，欣赏中国文学名著之能力”的话。初高中的国文教材，从经典选录的也不少。可见读经的废止并不就是经典训练的废止，经典训练不但没有废止，而且扩大了范围，不以经为限，又按着学生程度选材，可以免掉他们囫囵吞枣的弊病。这实在是一种进步。

我国经典，未经整理，读起来特别难，一般人往往望而生畏，结果是敬而远之。朱熹似乎见到了这个，他注“四书”，一种作用就是使“四书”普及于一般人。他是成功的，他的“四书”注后来成了小学教科书。又如清初人选注的《史记菁华录》，价值和影响虽然远在“四书”注之下，可是也风行了几百年，帮助初学不少。但到了现在这时代，这些书都不适用了。我们知道清代“汉学家”对于经典的校勘和训诂贡献极大。我们理想中一般人的经典读本——有些该是全书，有些只该是选本节本——应该尽可能地采取他们的结论：一面将本文分段，仔细地标点，并用白话文做简要的注释。每种读本还得有一篇切实而浅明的白话文导言。这需要见解、学力和经验，不是一个人一个时期所能成就的。商务印书馆编印的一些《学生国学丛书》，似乎就是这番用意，但离我们理想的标准还远着呢。理想的经典读本既然一时不容易出现，有些人便想着先从治标下手。顾颉刚先生用浅明的白话文译《尚书》，又用同样的文体写《汉代学术史略》，用意便在这里。这样办虽然不能教一般人直接亲近经典，却能启发他们的兴趣，引他们到经典的大路上去。这部小书也只是向这方面努力的工作。如果读者能把它当作一只船，航到经典的海里去，编撰者将自己庆幸，在经典训练上，尽了他做尖兵的一份儿。可是如果读者念了这部书，便以为已经受到了经典训练，不再想去见识经典，那就是以筌为鱼，未免孤负编撰者的本心了。

这部书不是“国学概论”一类。照编撰者现在的意见，“概论”这名字容易教读者感到自己满足；“概论”里好像什么都有了，再用不着别的——其实什么都只有一点儿！“国学”这名字，和西洋人所谓“汉学”一般，都未免笼统的毛病。国立中央研究院的历史语言研究所分别标明历史和语言，不再浑称“国学”，确是正办。这部书以经典为主，以书为主，不以“经学”“史学”“诸子学”等作纲领。但“诗”“文”两篇，却还只能叙述源流；因为书太多了，没法子一一详论，而集部书的问题，也不像经、史、子的那样重要，在这儿也无需详论。书中各篇的排列按照传统的经史子集的顺序；并照传统的意见将“小学”书放在最前头。各篇的讨论，尽量采择近人新说；这中间并无编撰者自己的创见，编撰者的工作只是编撰罢了。全篇的参考资料，开列在各篇后面；局部的，随处分别注明。也有袭用成说而没有注出的，那是为了节省读者的注意力；一般的读物和考据的著作不同，是无需乎那样严格的。末了儿编撰者得谢谢杨振声先生，他鼓励编撰者写下这些篇常谈。还得谢谢雷海宗先生允许引用他还没有正式印行的《中国通史选读》讲义，陈梦家先生允许引用他的《中国文字学》稿本。还得谢谢董庶先生，他给我钞了全份清稿，让排印时不致有太多的错字。

朱自清

三十一年二月，昆明西南联合大学

《说文解字》第一

中国文字相传是黄帝的史官叫仓颉的造的。这仓颉据说有四只眼睛，他看见了地上的兽蹄儿鸟爪儿印着的痕迹，灵感涌上心头，便造起文字来。文字的作用太伟大了，太奇妙了，造字真是一件神圣的工作。但是文字可以增进人的能力，也可以增进人的巧诈。仓颉泄漏了天机，却将人教坏了。所以他造字的时候，"天雨粟，鬼夜哭"。人有了文字，会变机灵了，会争着去作那容易赚钱的商人，辛辛苦苦去种地的便少了。天怕人不够吃的，所以降下米来让他们存着救急。鬼也怕这些机灵人用文字来制他们，所以夜里嚎哭；[①]文字原是有巫术的作用的。但仓颉造字的传说，战国末期才有。那时人并不都相信；如《易·系辞》里就只说文字是"后世圣人"造出来的。这"后世圣人"不止一人，是许多人。我们知道，文字不断地在演变着；说是一人独创，是不可能的。《系辞》的话自然合理得多。

"仓颉造字说"也不是凭空起来的。秦以前是文字发生与演化的时代，字体因世因国而不同，官书虽是系统相承，民间书却极为庞杂。到了战国末期，政治方面，学术方面，都感到统一的需要了，鼓吹的也有人了；文字统一的需要，自然也在一般意识之中。这时候抬出一个造字的圣人，实在是统一文

① 《淮南子·本经训》及高诱注。

字的预备工夫，好教人知道“一个”圣人造的字当然是该一致的。《荀子·解蔽篇》说，“好书者众矣，而仓颉独传者，一也”，“一”是“专一”的意思，这儿只说仓颉是个整理文字的专家，并不曾说他是造字的人；可见得那时“仓颉造字说”还没有凝成定型。但是，仓颉究竟是什么人呢？照近人的解释，“仓颉”的字音近于“商契”，造字的也许指的是商契。商契是商民族的祖宗。“契”有“刀刻”的义；古代用刀笔刻字，文字有“书契”的名称。可能因为这点联系，商契便传为造字的圣人。事实上商契也许和造字全然无涉，但这个传说却暗示着文字起于夏商之间。这个暗示也许是值得相信的。至于仓颉是黄帝的史官，始见于《说文序》。“仓颉造字说”大概凝定于汉初，那时还没有定出他是哪一代的人；《说文序》所称，显然是后来加添的枝叶了。

识字是教育的初步。《周礼·保氏》说贵族子弟八岁入小学，先生教给他们识字。秦以前字体非常庞杂，贵族子弟所学的，大约只是官书罢了。秦始皇统一了天下，他也统一了文字；小篆成了国书，别体渐归淘汰，识字便简易多了。这时候贵族阶级已经没有了，所以渐渐注重一般的识字教育。到了汉代，考试史、尚书史（书记秘书）等官儿，都只凭识字的程度；识字教育更注重了。识字需要字书。相传最古的字书是《史籀篇》，是周宣王的太史籀作的。这部书已经佚去，但许慎《说文解字》里收了好些“籀文”，又称为“大篆”，字体和小篆差不多，和始皇以前三百年的碑碣器物上的秦篆简直一样。所以现在相信这只是始皇以前秦国的字书。“史籀”是“书记必读”的意思，只是书名。不是人名。

始皇为了统一文字，教李斯作了《仓颉篇》七章，赵高作了《爰历篇》六章，胡母敬作了《博学篇》七章。所选的字，大部分还是《史籀篇》里的，但字体以当时通用的小篆为准，便与籀文略有不同。这些是当时官定的标准字书。有了标准字书，文字统一就容易进行了。汉初，教书先生将这三篇合为一书，单称为《仓颉篇》。秦代那三种字书都不传了；汉代这个《仓颉篇》，现在残存着一部分。西汉时期还有些人作了些字书，所选的字大致和这个《仓颉篇》差不多。其中只有史游的《急就篇》还存留着。《仓颉》残篇四字一句，两句一韵。《急就篇》不分章而分部，前半三字一句，后半七字一句，两句一韵；所收的都是名姓、器物、官名等日常用字，没有说解。这些书和后世“日用杂字”相似，按事类收字——所谓分章或分部，都据事类而言。这些一面供教授学童用，一面供民众检阅用，所收约三千三百字，是通俗的字书。

东汉和帝时，有个许慎，作了一部《说文解字》。这是一部划时代的字书。经典和别的字书里的字，他都搜罗在他的书里，所以有九千字。而且小篆之外，兼收籀文“古文”；“古文”是鲁恭王所得孔子宅“壁中书”及张仓所献《春秋左氏传》的字体，大概是晚周民间的别体字。许氏又分析偏旁，定出部首，将九千字分属五百四十部首。书中每字都有说解，用晚周人作的《尔雅》，扬雄的《方言》，以及经典的注文的体例。这部书意在帮助人通读古书，并非只供通俗之用，和秦代及西汉的字书是大不相同的。它保存了小篆和一些晚周文字，让后人可以溯源沿流；现在我们要认识商周文字，探寻汉以来字体演变的轨迹，都得凭这部书。而且不但研究字形得靠它，研究字音字义也得靠它。研究文字的形音义的，以前叫“小学”，现在叫文字学。从前学问限于经典，所以说研究学问必须从小学入手；现在学问的范围是广了，但要研究古典、古史、古文化，也还得从文字学入手。《说文解字》是文字学的古典，又是一切古典的工具或门径。

《说文序》提起出土的古器物，说是书里也搜罗了古器物铭的文字，便是“古文”的一部分，但是汉代出土的古器物很少；而拓墨的法子到南北朝才有，当时也不会有拓本，那些铭文，许慎能见到的怕是更少。所以他的书里还只有秦篆和一些晚周民间书，再古的可以说是没有。到了宋代，古器物出土的多了，拓本也流行了，那时有了好些金石图录考释的书。“金”是铜器，铜器的铭文称为金文。铜器里钟鼎最是重器，所以也称为钟鼎文。这些铭文都是记事的。而宋以来发见的铜器大都是周代所作，所以金文多是两周的文字。清代古器物出土的更多，而光绪二十五年（西元一八九九）河南安阳发现了商代的甲骨，尤其是划时代的。甲是龟的腹甲，骨是牛胛骨。商人钻灼甲骨，以卜吉凶，卜完了就在上面刻字纪录。这称为甲骨文，又称为卜辞，是盘庚（约西元前一三〇〇）以后的商代文字。这大概是最古的文字了。甲骨文、金文，以及《说文》里所谓“古文”，还有籀文，现在统统算作古文字，这些大部分是文字统一以前的官书。甲骨文是“契”的；金文是“铸”的。铸是先在模子上刻字，再倒铜。古代书写文字的方法除“契”和“铸”外，还有“书”和“印”，因用的材料而异。“书”用笔，竹木简以及帛和纸上用“书”。“印”是在模子上刻字，印在陶器或封泥上[①]。古代用竹木简最多，战国才有帛；纸是汉代才有的。笔出现于商代，却只用竹木削成。竹木简、帛、纸，都容易坏，汉以前的，已经荡然无存了。

造字和用字有六个条例，称为“六书”。“六书”这个总名初见于《周礼》，但六书的各个的名字到汉人的书里才见。一是“象形”，象物形的大概，如“日”“月”等字。二是“指事”，用抽象的符号，指示那无形的事类，如“⼆”（上）“⼆”（下）两个字，短画和长画都是抽象的符号，各代表着一个物类。“⼆”指示甲物在乙物之上，“⼆”指示甲物在乙物之下。这“上”和“下”两种关系便是无形的事类。又如“刃”字，在“刀”形上加一点，指示刃之所在，也是的。三是“会意”，会合两个或两个以上的字为一个字，这一个字的意义是那几个字的意义积成的，如“止”“戈”为“武”，“人”“言”

① 古代简牍用泥封口，在泥上盖印。

为“信”等。四是“形声”，也是两个字合成一个字，但一个字是形，一个字是声；形是意符，声是音标。如“江”“河”两字，“氵”（水）是形，“工”“可”是声。但声也有兼义的。如“浅”“钱”“贱”三字，“水”“金”“贝”是形，同以“戋”为声；但水小为“浅”，金小为“钱”，贝小为“贱”，三字共有的这个“小”的意义，正是从“戋”字来的。象形、指事、会意、形声，都是造字的条例；形声最便，用处最大，所以我们的形声字最多。

五是“转注”，就是互训。两个字或两个以上的字，意义全部相同或一部相同，可以互相解释的，便是转注字，也可以叫作同义字。如“考”“老”等字，又如“初”“哉”“首”“基”等字；前者同形同部，后者不同形不同部，却都可以“转注”。同义字的孳生，大概是各地方言不同和古今语言演变的缘故。六是“假借”，语言里有许多有音无形的字，借了别的同音的字，当作那个意义用。如代名词，“予”“汝”“彼”等，形况字“犹豫”“孟浪”“关关”“突如”等，虚助字“于”“以”“与”“而”“则”“然”“也”“乎”“哉”等，都是假借字。又如“令”，本义是“发号”，借为县令的“令”；“长”本义是“久远”，借为县长的“长”。“县令”“县长”是“令”“长”的引申义。假借本因有音无字，但以后本来有字的也借用别的字。所以我们现在所用的字，本义的少，引申义的多，一字数义，便是这样来的。这可见假借的用处也很广大。但一字借成数义，颇不容易分别。晋以来通行了四声，这才将同一字分读几个音，让意义分得开些。如“久远”的“长”平声，“县长”的“长”读上声之类。这样，一个字便变成几个字了。转注、假借都是用字的条例。

象形字本于图画。初民常以画记名，以画记事；这便是象形的源头。但文字本于语言，语言发于声音，以某声命物，某声便是那物的名字。这是“名”；“名”该只指声音而言。画出那物形的大概，是象形字。“文字”与“字”

都是通称；分析地说，象形的字该叫做“文”，“文”是“错画”的意思[1]。“文”本于“名”，如先有“日”名，才会有“日”这个“文”；“名”就是“文”的声音。但物类无穷，不能一一造“文”，便只得用假借字。假借字以声为主，也可以叫做“名”。一字借为数字，后世用四声分别，古代却用偏旁分别，这便是形声字。如“⊠”本像箕形，是“文”，它的“名”是“丌”。而日期的“期”，旗帜的“旗”，麒麟的“麒”等，在语言中与“⊠”同声，却无专字，便都借用“⊠”字。后来才加“月”为“期”，加“㫃”为“旗”，加“鹿”为“麒”，一个字变成了几个字。严格地说，形声字才该叫做“字”，“字”是“孳乳而渐多”的意思[2]。象形有抽象作用，如一画可以代表任何一物，“丄”（上）、“丅”（下）、“一”、“二”、“三”其实都可以说是象形。象形又有指示作用，如“刀”字上加一点，表明刃在那里。这样，旧时所谓指事字其实都可以归入象形字。象形还有会合作用，会合两个或两个以上的分子，表示一个意义；那么，旧时所谓会意字其实也可以归入象形字。但会合成功的不是“文”，也该是“字”。象形字、假借字、形声字，是文字发展的逻辑的程序，但甲骨文里三种字都已经有了。这里所说的程序，是近人新说，和“六书说”颇有出入。六书说原有些不完备不清楚的地方，新说加以补充修正，似乎更可信些。

秦以后只是书体演变的时代。演变的主因是应用，演变的方向是简易。始皇用小篆统一了文字，不久便又有了“隶书”。当时公事忙，文书多，书记虽遵用小篆，有些下行文书，却不免写得草率些。日子长了，这样写的人多了，便自然而然成了一体，称为“隶书”；因为是给徒隶等下级办公人看的。这种字体究竟和小篆差不多。到了汉末，才渐渐变了，椭圆的变为扁方的，

---

① 《说文·文部》。
② 《说文序》。

“敛笔”变为“挑笔”。这是所谓汉隶，是隶书的标准。晋唐之间，又称为“八分书”。汉初还有草书，从隶书变化，更为简便。这从清末以来在新疆和敦煌发现的汉晋间的木简里最能见出。这种草书，各字分开，还带着挑笔，称为“章草”。魏晋之际，又嫌挑笔费事，改为敛笔，字字连书，以一行或一节为单位。这称为“今草”。隶书方整，去了挑笔，又变为“正书”。这起于魏代。晋唐之间，却称为“隶书”，而称汉隶为“八分书”。晋代也称为“楷书”。宋代又改称为“真书”。正书本也是扁方的，到陈隋的时候，渐渐变方了。到了唐代，又渐渐变长了。这是为了好看。正书简化，便成“行书”，起于晋代。大概正书不免于拘，草书不免于放，行书介乎两者之间，最为适用。但现在还通用着正书，而辅以行草。一方面却提倡民间的“简笔字”，将正书行书再行简化；这也还是求应用便利的缘故。

参考资料

《说文解字》叙。

容庚《中国文字学》。

陈梦家《中国文字学》稿本。

《周易》第二

在人家门头上，在小孩的帽饰上，我们常见到八卦那种东西。八卦是圣物；放在门头上，放在帽饰里，是可以辟邪的。辟邪还只是它的小神通；它的大神通在能够因往知来，预言吉凶。算命的，看相的，卜课的，都用得着它。他们普通只用五行生克的道理就够了，但要详细推算，就得用阴阳和八卦的道理。八卦及阴阳五行和我们非常熟习；这些道理直到现在还是我们大部分人的信仰；我们大部分人的日常生活不知不觉之中教这些道理支配着。行人不至，谋事未成，财运欠通，婚姻待决，子息不旺，乃至种种疾病疑难，许多人都会去求签问卜，算命看相，可见影响之大。讲五行的经典，现在有《尚书·洪范》；讲八卦的便是《周易》。

八卦相传是伏羲氏画的。另一个传说却说不是他自出心裁画的。那时候有匹龙马从黄河里出来，背着一幅图，上面便是八卦，伏羲只照着描下来罢了。但这因为伏羲是圣人，那时代是圣世，天才派了龙马赐给他这件圣物。所谓“河图”，便是这个。那讲五行的洪范，据说也是大禹治水时在洛水中从一只神龟背上得着的，也出于天赐。所谓“洛书”，便是那个。但这些神怪的故事显然是八卦和五行的宣传家造出来抬高这两种学说的地位的。伏羲氏恐怕压根儿就没有这个人，他只是秦汉间儒家假托的圣王。至于八卦，大概是有了筮法以后才有的。商民族是用龟的腹甲或牛的胛骨卜吉凶，他们先在甲骨上钻一下，再用火灼；甲骨经火，有裂痕，便是兆象，卜官细看兆象，断定吉凶；然后便将卜的人、卜的日子、卜的问句等用刀笔刻在甲骨上，这便是卜辞。卜辞里并没有阴阳的观念，也没有八卦的痕迹。

卜法用牛骨最多，用龟甲是很少的。商代农业刚起头，游猎和畜牧还是主要的生活方式。那时牛骨头不缺少，到了周代，渐渐脱离游牧时代，进到农业社会了。牛骨头便没有那么容易得了。这时候却有了筮法，作为卜法的辅助。筮法只用些蓍草，那是不难得的。蓍草是一种长寿草，古人觉得这草和老年人一样，阅历多了，知道的也就多了，所以用它来占吉凶。筮的时候用它的秆子；方法已不能详知，大概是数的。取一把蓍草，数一下看是什么数目，看是奇数还是偶数，也许这便可以断定吉凶。古代人看见数目整齐而又有变化，认为是神秘的东西。数目的连续、循环以及奇偶，都引起人们的惊奇。那时候相信数目是有魔力的，所以巫术里用得着它。——我们一般人直到现在，还嫌恶奇数，喜欢偶数，该是那些巫术的遗迹。那时候又相信数目是有道理的，所以哲学里用得着它。我们现在还说，凡事都有定数，这就是前定的意思；这是很古的信仰了。人生有数，世界也有数，数是算好了的一笔账；用现在的话说，便是机械的。数又是宇宙的架子，如说太极生两仪，两仪生四象①，就是一生二、二生四的意思。筮法可以说是一种巫术，是靠了数目来判断吉凶的。

八卦的基础便是一二三的数目。整画“—”是一；断画“--”是二；三画叠而成卦是三。这样配出八个卦，便是☰ ☱ ☲ ☳ ☶ ☵ ☴ ☷；乾、兑、离、震、艮、坎、巽、坤，是这些卦的名字。那整画断画的排列，也许是在排列着蓍草时触悟出来的。八卦到底太简单了，后来便将这些卦重起来，两

① 二语见《易·系辞》。太极是混沌的元气，两仪是天地，四象是日月星辰。

卦重作一个，按照算学里错列与组合的必然，成了六十四卦，就是《周易》里的卦数。蓍草的应用，也许起于民间；但八卦的创制，六十四卦的推演，巫与卜官大约是重要的角色。古代巫与卜官同时也就是史官，一切的记载，一切的档案，都掌管在他们手里。他们是当时知识的权威，参加创卦或重卦的工作是可能的。筮法比卜法简便得多，但起初人们并不十分信任它。直到春秋时候，还有“筮短龟长”的话。[①]那些时代，大概小事才用筮，大事还得用卜的。

筮法袭用卜法的地方不少。卜法里的兆象，据说有一百二十体，每一体都有十条断定吉凶的“颂”辞。[②]这些是现成的辞。但兆象是自然的灼出来的，有时不能凑合到那一百二十体里去，便得另造新辞。筮法里的六十四卦，就相当于一百二十体的兆象。那断定吉凶的辞，原叫作繇辞，“繇”是抽出来的意思。《周易》里一卦有六画，每画叫作一爻——六爻的次序是由下向上数的。繇辞有属于卦的总体的，有属于各爻的；所以后来分称为卦辞和爻辞。这种卦爻辞也是卜筮官的占筮记录，但和甲骨卜辞的性质不一样。

从卦爻辞里的历史故事和风俗制度看，我们知道这些是西周初叶的记录，记录里好些是不连贯的，大概是几次筮辞并列在一起的缘故。那时卜筮官将这些卦爻辞按着卦爻的顺序编辑起来，便成了《周易》这部书。“易”是“简易”的意思，是说筮法比卜法简易的意思。本来呢，卦数既然是一定的，每卦每爻的辞又是一定的，检查起来，引申推论起来，自然就“简易”了。不过这只在当时的卜筮官如此。他们熟习当时的背景，卦爻辞虽“简”，他们却觉得“易”。到了后世就不然了，筮法久已失传，有些卦爻辞简直就看不懂了。《周易》原只是当时一部切用的筮书。

---

① 《左传》僖公四年。
② 《周礼·春官·太卜》。

《周易》现在已经变成了儒家经典的第一部；但早期的儒家还没注意这部书。孔子是不讲怪、力、乱、神的。《论语》里虽有“五十以学《易》，可以无大过矣”的话，但另一个本子作“五十以学，亦可以无大过矣”[①]，所以这句话是很可疑的。孔子只教学生读《诗》《书》和《春秋》，确没有教读《周易》。《孟子》称引《诗》《书》，也没说到《周易》。《周易》变成儒家的经典，是在战国末期。那时候阴阳家的学说盛行，儒家大约受了他们的影响，才研究起这部书来。那时候道家的学说也盛行，也从另一面影响了儒家。儒家就在这两家学说的影响之下，给《周易》的卦爻辞作了种种新解释。这些新解释并非在忠实的确切的解释卦爻辞，其实倒是借着卦爻辞发挥他们的哲学。这种新解释存下来的，便是所谓《易传》。

《易传》中间较有系统的是彖辞和象辞。彖辞断定一卦的涵义——“彖”就是“断”的意思。象辞推演卦和爻的象，这个“象”字相当于现在所谓“观念”。这个字后来成为解释《周易》的专门名词。但彖辞断定的涵义，象辞推演的观念，其实不是真正从卦爻里探究出来的；那些只是作传的人傅会在卦爻上面的。这里面包含着多量的儒家伦理思想和政治哲学；彖辞的话更有许多和《论语》相近的。但说到“天”的时候，不当作有人格的上帝，而只当作自然的道，却是道家的色彩了。这两种传似乎是编纂起来的，并非一人所作。此外有《文言》和《系辞》。《文言》解释乾坤两卦；《系辞》发挥宇宙观人生观，偶然也有分别解释卦爻的话。这些似乎都是抱残守缺，汇集众说而成。到了汉代，又新发现了《说卦》《序卦》《杂卦》三种传。《说卦》推演卦象，说明某卦的观念象征着自然界和人世间的某些事物，譬如乾卦象征着天，又象征着父之类。《序卦》说明六十四卦排列先后的道理。《杂卦》

① 《古论语》作“易”，《鲁论语》作“亦”。

比较各卦意义的同异之处。这三种传据说是河内一个女子在什么地方找着的，后来称为《逸易》；其实也许就是汉代人作的。

八卦原只是数目的巫术，这时候却变成数目的哲学了。那整画“—”是奇数，代表天，那断画“--”是偶数，代表地。奇数是阳数，偶数是阴数；阴阳的观念是从男女来的。有天地，不能没有万物，正和有男女就有子息一样，所以三画才能成一卦。卦是表示阴阳变化的；《周易》的“易”，也便是变化的意思。为什么要八个卦呢？这原是算学里错列与组合的必然，但这时候却想着是万象的分类。乾是天，是父等；坤是地，是母等；震是雷，是长子等；巽是风，是长女等；坎是水，是心病等；离是火，是中女等；艮是山，是太监等；兑是泽，是少女等。这样，八卦便象征着也支配着整个的大自然，整个的人间世了。八卦重为六十四卦，卦是复合的，卦象也是复合的，作用便更复杂更具体了。据说伏羲、神农、黄帝、尧、舜一班圣人看了六十四卦的象，悟出了种种道理，这才制造了器物，建立了制度、耒耜以及文字等等东西，“日中为市”等等制度，都是他们从六十四卦推演出来的。

这个观象制器的故事，见于《系辞》。《系辞》是最重要的一部《易传》。这传里借着八卦和卦爻辞发挥着的融合儒道的哲学，和观象制器的故事，都大大地增加了《周易》的价值，抬高了它的地位。《周易》的地位抬高了，关于它的传说也就多了。《系辞》里只说伏羲作八卦；后来的传说却将重卦的，作卦爻辞的，作《易传》的人，都补出来了。但这些传说都比较晚，所以有些参差，不尽能像“伏羲画卦说”那样成为定论。重卦的人，有说是伏羲的，有说是神农的，有说是文王的。卦爻辞有说全是文王作的；有说爻辞是周公作的；有说全是孔子作的。《易传》却都说是孔子作的。这些都是圣人。《周易》的经传都出于圣人之手，所以和儒家所谓道统关系特别深切；这成了他们一部传道的书。所以到了汉代，便已跳到《六经》之首了[①]。但另一面阴阳八卦与五行结合起来，三位一体的演变出后来医卜星相种种迷信，种种花样，支配着一般民众，势力也非常雄厚。这里面儒家的影响却很少了，大部分还是《周易》原来的卜筮传统的力量。儒家的《周易》是哲学化了的；民众的《周易》倒是巫术的本来面目。

参考资料

顾颉刚《周易卦爻辞中的故事》（《古史辨》第三册上）。
李镜池《易传探原》（同上）。
余永梁《易卦爻辞的时代及其作者》（同上）。

① 《庄子》“天运篇”和“天下篇”所说《六经》的次序是：《诗》《书》《礼》《乐》《易》《春秋》，到了《汉书·艺文志》，便成了《易》《书》《诗》《礼》《乐》《春秋》了。

《尚书》第三

《尚书》是中国最古的记言的历史。所谓记言，其实也是记事，不过是一种特别的方式罢了。记事比较的是间接的，记言比较的是直接的。记言大部分照说的话写下来；虽然也须略加剪裁，但是尽可以不必多费心思。记事需要化自称为他称，剪裁也难，费的心思自然要多得多。

中国的记言文是在记事文之先发展的。商代甲骨卜辞大部分是些问句，记事的话不多见。两周金文也还多以记言为主。直到战国时代，记事文才有了长足的进展。古代言文大概是合一的；说出的写下的都可以叫作“辞”。卜辞我们称为“辞”，《尚书》的大部分其实也是“辞”。我们相信这些辞都是当时的“雅言”①，就是当时的官话或普通话。但传到后世，这种官话或普通话却变成佶屈聱牙的古语了。

《尚书》包括虞夏商周四代；大部分是号令，就是向大众宣布的话，小部分是君臣相告的话。也有记事的；可是照近人的说数，那记事的几篇，大都是战国末年人的制作，应该分别的看。那些号令多称为“誓”或“诰”，后人便用“誓”“诰”的名字来代表这一类。平时的号令叫“诰”，有关军事的叫“誓”。君告臣的话多称为“命”；臣告君的话却似乎并无定名，偶

① “雅言”见《论语·述而》。

然有称为“谟”[①]的。这些辞有的是当代史官所记，有的是后代史官追记。当代史官也许根据亲闻，后代史官便只能根据传闻了。这些辞原来似乎只是说的话，并非写出的文告；史官纪录，意在存作档案，备后来查考之用。这种古代的档案，想来很多，留下来的却很少。汉代传有《书序》，来历不详，也许是周秦间人所作。有人说，孔子删《书》为百篇，每篇有序，说明作意。这却缺乏可信的证据。孔子教学生的典籍里有《书》，倒是真的。那时代的《书》是个什么样子，已经无从知道。“书”原是纪录的意思[②]；大约那所谓“书”只是指当时留存着的一些古代的档案而言；那些档案恐怕还是一件件的，并未结集成书。成书也许是在汉人手里。那时候这些档案留存着的更少了，也更古了，更稀罕了；汉人便将它们编辑起来，改称《尚书》。“尚”，“上”也；《尚书》据说就是“上古帝王的书”[③]。“书”上加一“尚”字，无疑的是表示着尊信的意味。至于《书》称为“经”，始于《荀子》[④]，不过也是到汉代才普遍罢了。

儒家所传的“五经”中，《尚书》残缺最多，因而问题也最多。秦始皇烧天下诗书及诸侯史记，并禁止民间私藏一切书。到汉惠帝时，才开了书禁；文帝接着更鼓励人民献书。书才渐渐见得着了。那时传《尚书》的只有一个济南伏生[⑤]。伏生本是秦博士。始皇下诏烧诗书的时候，他将《书》藏在墙壁里。后来兵乱，他流亡在外。汉定天下，才回家；检查所藏的《书》，已失去数十篇，剩下的只二十九篇了。他就守着这一些，私自教授于齐鲁之间。文帝知道了他的名字，想召他入朝。那时他已九十多岁，不能远行到京师去。

---

① 《说文》言部：“谟，议谋也。”
② 《说文》书部：“书，著也。”
③ 《论衡·正说篇》。
④ 《劝学篇》。
⑤ 裴骃《史记集解》引张晏曰：“伏生名胜，《伏氏碑》云。”

文帝便派掌故官晁错来从他学。伏生私人的教授，加上朝廷的提倡，使《尚书》流传开来。伏生所藏的本子是用“古文”写的，还是用秦篆写的，不得而知；他的学生却只用当时的隶书钞录流布。这就是东汉以来所谓《今尚书》或《今文尚书》。汉武帝提倡儒学，立“五经”博士；宣帝时每经又都分家数立官，共立了十四博士，每一博士各有弟子若干人。每家有所谓“师法”或“家法”，从学者必须严守。这时候经学已成利禄的途径，治经学的自然就多起来了。《尚书》也立下欧阳（和伯）、大小夏侯（夏侯胜、夏侯建）三博士，却都是伏生一派分出来的。当时去伏生已久，传经的儒者为使人尊信的缘故，竟有硬说《尚书》完整无缺的。他们说，二十九篇是取法天象的，一座北斗星加上二十八宿，不正是二十九吗！[①] 这二十九篇，东汉经学大师马融、郑玄都给作过注；可是那些注现在差不多亡失干净了。

汉景帝时，鲁恭王为了扩展自己的宫殿，去拆毁孔子的旧宅。在墙壁里得着“古文”经传数十篇，其中有《书》。这些经传都是用“古文”写的；所谓“古文”，其实只是晚周民间别体字。那时恭王肃然起敬，不敢再拆房子，并且将这些书都交还孔家的主人孔子的后人叫孔安国的。安国加以整理，发见其中的《书》比通行本多出十六篇；这称为《古文尚书》。武帝时，安国将这部书献上去。因为语言和字体的两重困难，一时竟无人能通读那些“逸书”，所以便一直压在皇家图书馆里。成帝时，刘向、刘歆父子先后领校皇家藏书。刘向开始用《古文尚书》校勘今文本子，校出今文脱简及异文各若干。哀帝时，刘歆想将《左氏春秋》《毛诗》《逸礼》及《古文尚书》立博士；这些都是所谓“古文”经典。当时的“五经”博士不以为然，刘歆写了长信和他们争辩。[②] 这便是后来所谓今古文之争。

① 《论衡·正说篇》。
② 《汉书》本传。

今古文之争是西汉经学一大史迹。所争的虽然只在几种经书，他们却以为关系孔子之道即古代圣帝明王之道甚大。“道”其实也是幌子，骨子里所争的还在禄位与声势；当时今古文派在这一点上是一致的。不过两派的学风确也有不同处。大致今文派继承先秦诸子的风气，“思以其道易天下”[①]，所以主张通经致用。他们解经，只重微言大义；而所谓微言大义，其实只是他们自己的历史哲学和政治哲学。古文派不重哲学而重历史，他们要负起保存和传布文献的责任；所留心的是在章句训诂典礼名物之间。他们各得了孔子的一端，各有偏畸的地方。到了东汉，书籍流传渐多，民间私学日盛。私学压倒了官学，古文经学压倒了今文经学；学者也以兼通为贵，不再专主一家。但是这时候“古文”经典中《逸礼》即《礼》古经已经亡佚，《尚书》之学，也不昌盛。

东汉初，杜林曾在西州（今新疆境）得漆书《古文尚书》一卷，非常宝爱，流离兵乱中，老是随身带着。他是怕“《古文尚书》学”会绝传，所以这般珍惜。当时经师贾逵、马融、郑玄都给那一卷《古文尚书》作注，从此《古文尚书》才显于世。[②]原来“《古文尚书》学”直到贾逵才真正开始；从前是没有什么师说的。而杜林所得只一卷，决不如孔壁所出的多。学者竟爱重到那般地步。大约孔安国献的那部《古文尚书》，一直埋没在皇家图书馆里，民间也始终没有盛行，经过西汉末年的兵乱，便无声无臭的亡失了吧。杜林的那一卷，虽经诸大师作注，却也没传到后世；这许又是三国兵乱的缘故。《古文尚书》的运气真够坏的，不但没有能够露头角，还一而再地遭到了些冒名顶替的事儿。这在西汉就有。汉成帝时，因孔安国所献的《古文尚书》无人通晓，下诏征求能够通晓的人。东莱有个张霸，不知孔壁的书还在。便根据《书序》，

① 语见章学诚《文史通义·言公》上。
② 《后汉书·杨伦传》。

将伏生二十九篇分为数十，作为中段，又采《左氏传》及《书序》所说，补作首尾，共成《古文尚书百二篇》。每篇都很简短，文意又浅陋。他将这伪书献上去。成帝教用皇家图书馆藏着的孔壁《尚书》对看，满不是的。成帝便将张霸下在狱里，却还存着他的书，并且听它流传世间。后来张霸的再传弟子樊并谋反，朝廷才将那书毁废；这第一部伪《古文尚书》就从此失传了。

到了三国末年，魏国出了个王肃，是个博学而有野心的人。他伪作了《孔子家语》《孔丛子》[1]，又伪作了一部孔安国的《古文尚书》，还带着孔安国的传。他是个聪明人，伪造这部《古文尚书》孔传，是很费了心思的。他采辑群籍中所引"逸书"，以及历代嘉言，改头换面，巧为联缀，成功了这部书。他是参照汉儒的成法，先将伏生二十九篇分割为三十三篇，另增多二十五篇，共五十八篇[2]，以合于东汉儒者如桓谭、班固所记的《古文尚书》篇数。所增各篇，用力阐明儒家的"德治主义"，满纸都是仁义道德的格言。这是汉武帝罢黜百家，专崇儒学以来的正统思想，所谓大经大法，足以取信于人。只看宋以来儒者所口诵心维的"十六字心传"[3]，正是他伪作的《大禹谟》里，便见出这部伪书影响之大。其实《尚书》里的主要思想，该是"鬼治主义"，像《盘庚》等篇所表现的。"原来西周以前，君主即教主，可以为所欲为，不受什么政治道德的拘束。逢到臣民不听话的时候，只要抬出上帝和先祖来，自然一切解决。"这叫作"鬼治主义"。"西周以后，因疆域的开拓，交通的便利，富力的增加，文化大开。自孔子以至荀卿、韩非，他们的政治学说都建筑在人性上面。尤其是儒家，把人性扩张得极大。他们觉得政治的良好

---

① 《家语》托名孔安国，《孔丛子》托名孔鲋。

② 桓谭《新论》作五十八，《汉书·艺文志》自注作五十七。

③ 见真德秀《大学衍义》。所谓十六字是："人心惟危，道心惟微，惟精惟一，允执厥中。"在伪《大禹谟》里，是舜对禹的话。

只在诚信的感应；只要君主的道德好，臣民自然风从，用不到威力和鬼神的压迫。”这叫作“德治主义”。[①]看古代的档案，包含着“鬼治主义”思想的，自然比包含着“德治主义”思想的可信得多。但是王肃的时代早已是“德治主义”的时代，他的伪书所以专从这里下手。他果然成功了。只是词旨坦明，毫无佶屈聱牙之处，却不免露出了马脚。

晋武帝时候，孔安国的《古文尚书》曾立过博士[②]；这《古文尚书》大概就是王肃伪造的。王肃是武帝的外祖父，当时即使有怀疑的人，也不敢说话。可是后来经过怀帝永嘉之乱，这部伪书也散失了，知道的人很少。东晋元帝时，豫章内史梅赜发见了它，便拿来献到朝廷上去。这时候伪《古文尚书》孔传便和马、郑注的《尚书》并行起来了。大约北方的学者还是信马、郑的多，南方的学者才是信伪孔的多。等到隋统一了天下，南学压倒了北学，马、郑《尚书》，习者渐少。唐太宗时，因章句繁杂，诏令孔颖达等编撰《五经正义》；高宗永徽四年（西元六五三），颁行天下，考试必用此本。《正义》成了标准的官书，经学从此大统一。那《尚书正义》便用的伪《古文尚书》孔传。伪孔定于一尊，马、郑便更没人理睬了；日子一久，自然就残缺了，宋以来差不多就算亡了。伪《古文尚书》孔传如此这般冒名顶替了一千年，直到清初的时候。

这一千年中间，却也有怀疑伪《古文尚书》孔传的人。南宋的吴棫首先发难。他有《书稗传》十三卷[③]，可惜不传了。朱子因孔安国的“古文”字句皆完整，又平顺易读，也觉得可疑。[④]但是他们似乎都还没有去找出确切的证据。至少

① 以上引顾颉刚《盘庚中篇今译》（《古史辨》第二册）。
② 《晋书·荀嵩传》。
③ 陈振孙《直斋书录解题》四。
④ 见《朱子语类》七十八。

朱子还不免疑信参半；他还采取伪《大禹谟》里“人心”“道心”的话解释《四书》，建立道统呢。元代的吴澄才断然地将伏生今文从伪古文分出；他的《尚书纂言》只注解今文，将伪古文除外。明代梅鷟著《尚书考异》，更力排伪孔，并找出了相当的证据。但是严密钩稽决疑定谳的人，还得等待清代的学者。这里该提出三个可尊敬的名字。第一是清初的阎若璩，著《古文尚书疏证》，第二是惠栋，著《古文尚书考》；两书辨析详明，证据确凿，教伪孔体无完肤，真相毕露。但将作伪的罪名加在梅赜头上，还不免未达一间。第三是清中叶的丁晏，著《尚书余论》，才将真正的罪人王肃指出。千年公案，从此可以定论。这以后等着动手的，便是搜辑汉人的伏生《尚书》说和马、郑注。这方面努力的不少，成绩也斐然可观；不过所能做到的，也只是抱残守缺的工作罢了。伏生《尚书》从千年迷雾中重露出真面目，清代诸大师的劳绩是不朽的。但二十九篇固是真本，其中也还该分别的看。照近人的意见，“周书”大都是当时史官所记，只有一二篇像是战国时人托古之作。“商书”究竟是当时史官所记，还是周史官追记，尚在然疑之间。“虞夏书”大约多是战国末年人托古之作，只《甘誓》那一篇许是后代史官追记的。这么着，《今文尚书》里便也有了真伪之分了。

参考资料

王先谦《尚书孔传参正序例》及卷三十六《伪孔安国序》。

顾颉刚《论今文尚书著作时代书》（《古史辨》第一册）。

《诗经》第四

诗的源头是歌谣。上古时候，没有文字，只有唱的歌谣，没有写的诗。一个人高兴的时候或悲哀的时候，常愿意将自己的心情诉说出来，给别人或自己听。日常的言语不够劲儿，便用歌唱；一唱三叹的叫别人回肠荡气。唱叹再不够的话，便手也舞起来了，脚也蹈起来了，反正要将劲儿使到了家。碰到节日，大家聚在一起酬神作乐，唱歌的机会更多。或一唱众和，或彼此竞胜。传说葛天氏的乐八章，三个人唱，拿着牛尾，踏着脚[1]，似乎就是描写这种光景的。歌谣越唱越多，虽没有书，却存在人的记忆里。有了现成的歌儿，就可借他人酒杯，浇自己块垒；随时拣一支合适的唱唱，也足可消愁解闷。若没有完全合适的，尽可删一些改一些，到称意为止。流行的歌谣中往往不同的词句并行不悖，就是为此。可也有经过众人修饰，成为定本的。歌谣真可说是“一人的机锋，多人的智慧”了。[2]

歌谣可分为徒歌和乐歌。徒歌是随口唱，乐歌是随着乐器唱。徒歌也有节奏，手舞脚蹈便是帮助节奏的；可是乐歌的节奏更规律化些。乐器在中国似乎早就有了，《礼记》里说的土鼓土槌儿、芦管儿[3]，也许是我们乐器的老

① 《吕氏春秋·古乐篇》。
② 英美吉特生《英国民歌论说》。译文据周作人《自己的园地》“歌谣”章。
③ “土鼓”“蒉桴”见《礼运》和《明堂位》，“苇”见《明堂位》。

祖宗。到了《诗经》时代，有了琴瑟钟鼓，已是洋洋大观了。歌谣的节奏最主要的靠重叠或叫复沓；本来歌谣以表情为主，只要翻来覆去将情表到了家就成，用不着费话。重叠可以说原是歌谣的生命，节奏也便建立在这上头。字数的均齐，韵脚的调协，似乎是后来发展出来的。有了这些，重叠才在诗歌里失去主要的地位。

有了文字以后，才有人将那些歌谣纪录下来，便是最初的写的诗了。但纪录的人似乎并不是因为欣赏的缘故，更不是因为研究的缘故。他们大概是些乐工，乐工的职务是奏乐和唱歌；唱歌得有词儿，一面是口头传授，一面也就有了唱本儿。歌谣便是这么写下来的。我们知道春秋时的乐工就和后世阔人家的戏班子一样，老板叫作太师。那时各国都养着一班乐工，各国使臣来往，宴会时都得奏乐唱歌。太师们不但得搜集本国乐歌，还得搜集别国乐歌。不但搜集乐词，还得搜集乐谱。那时的社会有贵族与平民两级。太师们是伺候贵族的，所搜集的歌儿自然得合贵族们的口味；平民的作品是不会入选的。他们搜得的歌谣，有些是乐歌，有些是徒歌。徒歌得合乐才好用。合乐的时候，往往得增加重叠的字句或章节，便不能保存歌词的原来样子。除了这种搜集的歌谣以外，太师们所保存的还有贵族们为了特种事情，如祭祖、宴客、房屋落成、出兵、打猎等等作的诗。这些可以说是典礼的诗。又有讽谏、颂美等等的献诗；献诗是臣下作了献给君上，准备让乐工唱给君上听的，可以说是政治的诗。太师们保存下这些唱本儿，带着乐谱；唱词儿共有三百多篇，当时通称作“《诗》三百”。到了战国时代，贵族渐渐衰落，平民渐渐抬头，新乐代替了古乐，职业的乐工纷纷散走。乐谱就此亡失，但是还有三百来篇唱词儿流传下来，便是后来的《诗经》了。[①]

---

① 今《诗经》共三百十一篇，其中六篇有目无诗，实存三百零五篇。

"诗言志"是一句古话；"诗"（䛢）这个字就是"言""志"两个字合成的。但古代所谓"言志"和现在所谓"抒情"并不一样；那"志"总是关联着政治或教化的。春秋时通行赋诗。在外交的宴会里，各国使臣往往得点一篇诗或几篇诗叫乐工唱。这很像现在的请客点戏，不同处是所点的诗句必加上政治的意味。这可以表示这国对那国或这人对那人的愿望、感谢、责难等等，都从诗篇里断章取义。断章取义是不管上下文的意义，只将一章中一两句拉出来，就当前的环境，作政治的暗示。如《左传》襄公二十七年，郑伯宴晋使赵孟于垂陇，赵孟请大家赋诗，他想看看大家的"志"。子太叔赋的是《野有蔓草》。原诗首章云："野有蔓草，零露漙兮，有美一人，清扬婉兮。邂逅相遇，适我愿兮。"子太叔只取末两句，借以表示郑国欢迎赵孟的意思；上文他就不管。全诗原是男女私情之作，他更不管了。可是这样办正是"诗言志"；在那回宴会里，赵孟就和子太叔说了"诗以言志"这句话。

到了孔子时代，赋诗的事已经不行了，孔子却采取了断章取义的办法，用《诗》来讨论做学问做人的道理。"如切如磋，如琢如磨"[①]，本来说的是治玉，将玉比人。他却用来教训学生做学问的工夫。[②]"巧笑倩兮，美目盼兮，素以为绚兮"[③]，本来说的是美人，所谓天生丽质。他却拉出末句来比方作画，说先有白底子，才会有画，是一步步进展的；作画还是比方，他说的是文化，人先是朴野的，后来才进展了文化——文化必须修养而得，并不是与生俱来的。[④]他如此解诗，所以说"思无邪"一句话可以包括"《诗》三百"的道理；[⑤]又说诗可以鼓舞人，联合人，增加阅历，以泄牢骚，事父事君的道理都在里

① 《卫风·淇澳》的句子。
② 《论语·学而》。
③ "巧笑倩兮，美目盼兮"，《卫风·硕人》的句子；"素以为绚兮"一句今已佚。
④ 《论语·八佾》。
⑤ "思无邪"，《鲁颂·駉》的句子；"思"是语词，无义。

面。[①]孔子以后，“《诗》三百”成为儒家的“六经”之一，《庄子》和《荀子》里都说到“诗言志”，那个“志”便指教化而言。

但春秋时列国的赋诗只是用诗，并非解诗；那时诗的主要作用还在乐歌，因乐歌而加以借用，不过是一种方便罢了。至于诗篇本来的意义，那时原很明白，用不着讨论。到了孔子时代，诗已经不常歌唱了，诗篇本来的意义，经过了多年的借用，也渐渐含糊了。他就按着借用的办法，根据他教授学生的需要，断章取义的来解释那些诗篇。后来解释《诗经》的儒生都跟着他的脚步走。最有权威的毛氏《诗传》和郑玄《诗笺》差不多全是断章取义，甚至断句取义——断句取义是在一句两句里拉出一个两个字来发挥，比起断章取义，真是变本加厉了。

毛氏有两个人：一个毛亨，汉时鲁国人，人称为大毛公，一个毛苌，赵国人，人称为小毛公；是大毛公创始《诗经》的注解，传给小毛公，在小毛公手里完成的。郑玄是东汉人，他是专给毛“传”作“笺”的，有时也采取别家的解说；不过别家的解说在原则上也还和毛氏一鼻孔出气，他们都是以史证诗。他们接受了孔子“无邪”的见解，又摘取了孟子的“知人论世”[②]的见解，以为用孔子的诗的哲学，别裁古代的史说，拿来证明那些诗篇是什么时代作的，为什么事作的，便是孟子所谓“以意逆志”[③]。其实孟子所谓“以意逆志”倒是说要看全篇大意，不可拘泥在字句上，与他们不同。他们这样猜出来的作诗人的志，自然不会与作诗人相合；但那种志倒是关联着政治教化而与“诗言志”一语相合的。这样的以史证诗的思想，最先具体的表现在《诗序》里。

《诗序》有“大序”“小序”。“大序”好像总论，托名子夏，说不定

① 《论语·阳货》。
② 见《孟子·万章》。
③ 见《孟子·万章》。

是谁作的。“小序”每篇一条，大约是大小毛公作的。以史证诗，似乎是“小序”的专门任务；传里虽也偶然提及，却总以训诂为主，不过所选取的字义，意在助成序说，无形中有个一定方向罢了。可是“小序”也还是泛说的多，确指的少。到了郑玄，才更详密的发展了这个条理。他按着《诗经》中的国别和篇次，系统的附合史料，编成了《诗谱》，差不多给每篇诗确定了时代；“笺”中也更多的发挥了作为各篇诗的背景的历史。以史证诗，在他手里算是集大成了。

“大序”说明诗的教化作用：这种作用似乎建立在风、雅、颂、赋、比、兴，所谓“六义”上。“大序”只解释了风雅颂。说风是风化（感化）、讽刺的意思，雅是正的意思，颂是形容盛德的意思。这都是按着教化作用解释的。照近人的研究，这三个字大概都从音乐得名。风是各地方的乐调，“国风”便是各国土乐的意思。雅就是“乌”字，似乎描写这种乐的呜呜之音。雅也就是“夏”字，古代乐章叫作“夏”的很多，也许原是地名或族名。雅又分“大雅”“小雅”，大约也是乐调不同的缘故。颂就是“容”字，容就是“样子”；这种乐连歌带舞，舞就有种种样子了。风雅颂之外，其实还该有个“南”。南是南音或南调，《诗经》中《周南》《召南》的诗，原是相当于现在河南、湖北一带地方的歌谣。《国风》旧有十五，分出二“南”，还剩十三；而其中邶、鄘两国的诗，现经考定，都是卫诗，那么只有十一“国风”[①]了。颂有“周颂”“鲁颂”“商颂”，“商颂”经考定实是“宋颂”。至于搜集的歌谣，大概是在二“南”、“国风”和“小雅”里。

赋比兴的意义，说数最多。大约这三个名字原都含有政治和教化的意味。赋本是唱诗给人听，但在“大序”里，也许是“直铺陈今之政教善恶”[②]的意思。

① 卫、王、郑、齐、魏、唐、秦、陈、桧、曹、豳。
② 《周礼·大师》郑玄注。

比兴都是“大序”所谓“主文而谲谏”；不直陈而用譬喻叫“主文”，委婉讽刺叫“谲谏”。说的人无罪；听的人却可警诫自己。《诗经》里许多譬喻就在比兴的看法下，断章断句的硬派作政教的意义了。比兴都是政教的譬喻，但在诗篇发端的叫做兴。《毛传》只在有兴的地方标出，不标赋比；想来赋义是易见的，比兴虽都是曲折成义，但兴在发端，往往关系全诗，比较更重要些，所以便特别标出了。《毛传》标出的兴诗，共一百十六篇，“国风”中最多，“小雅”第二；按现在说，这两部分搜集的歌谣多，所以譬喻的句子也便多了。

参考资料

顾颉刚《诗经在春秋战国间的地位》（《古史辨》第三册下）。

顾颉刚《论诗经所录全为乐歌》（同上）。

朱自清《言志说》（《语言与文学》）。

朱自清《赋比兴说》（《清华学报》十二卷三期）。

“三礼”第五

许多人家的中堂里，供奉着“天地君亲师”的大牌位。天地代表生命的本源。亲是祖先的意思，祖先是家族的本源。君师是政教的本源。人情不能忘本，所以供奉着这些。荀子只称这些为礼的三本[①]；大概是到了后世才宗教化了的。荀子是儒家大师。儒家所称道的礼，包括政治制度，宗教仪式，社会风俗习惯等等，却都加以合理的说明。从那“三本说”，可以知道儒家有拿礼来包罗万象的野心，他们认礼为治乱的根本；这种思想可以叫作礼治主义。

怎样叫作礼治呢？儒家说初有人的时候，各人有各人的欲望，各人都要满足自己的欲望；没有界限，没有分际，大家就争起来了。你争我争，社会就乱起来了。那时的君师们看了这种情形，就渐渐给定出礼来，让大家按着贵贱的等级，长幼的次序，各人得着自己该得的一份儿吃的喝的穿的住的，各人也做着自己该做的一份儿工作。各等人有各等人的界限和分际；若是只顾自己，不管别人，任性儿贪多务得，偷懒图快活，这种人就得受严厉的制裁，有时候保不住性命。这种礼，教人节制，教人和平，建立起社会的秩序，可以说是政治制度。

天生万物，是个很古的信仰。这个天是个能视能听的上帝，管生杀，管赏罚。

① 《礼论篇》。

在地上的代表，便是天子。天子祭天，和子孙祭祖先一样。地生万物是个事实。人都靠着地里长的活着，地里长的不够了，便闹饥荒：地的力量自然也引起了信仰。天子诸侯祭社稷，祭山川，都是这个来由。最普遍的还是祖先的信仰。直到我们的时代，这个信仰还是很有力的。按儒家说，这些信仰都是“报本返始”[①]的意思。报本返始是庆幸生命的延续，追念本源，感恩怀德，勉力去报答的意思。但是这里面怕不单是怀德，还有畏威的成分。感谢和恐惧产生了种种祭典。儒家却只从感恩一面加以说明，看作礼的一部分。但这种礼教人恭敬，恭敬便是畏威的遗迹了。儒家的丧礼，最主要的如三年之丧，也建立在感恩的意味上；却因恩谊的亲疏，又定出等等差别来。这种礼，大部分可以说是宗教仪式。

居丧一面是宗教仪式，一面是普遍人事。普通人事包括一切日常生活而言。日常生活都需要秩序和规矩。居丧以外，如婚姻、宴会等大事，也各有一套程序，不能随便马虎过去；这样是表示郑重，也便是表示敬意和诚心。至于对人，事君，事父母，待兄弟姊妹，待子女，以及夫妇朋友之间，也都自有一番道理。按着尊卑的分际，各守各的道理，君仁臣忠，父慈子孝，兄友弟恭，夫妇朋友互相敬爱，才算能做人；人人能做人，天下便治了。就是一个人饮食言动，也都该有个规矩，别叫旁人难过，更别侵犯着旁人，反正诸事都记得着自己的份儿。这些个规矩也是礼的一部分；有些固然含着宗教意味，但大部分可以说是风俗习惯。这些风俗习惯有一些也可以说是生活的艺术。

王道不外乎人情，礼是王道的一部分，按儒家说是通乎人情的。[②]既通乎人情，自然该诚而不伪了。但儒家所称道的礼，并不全是实际施行的。有许多只是他们的理想，这种就不一定能通乎人情了。就按那些实际施行的说，

① 《礼记·郊特牲》。
② 《礼记·乐礼》。

每一个制度、仪式或规矩，固然都有它的需要和意义。但是社会情形变了，人的生活跟着变；人的喜怒爱恶虽然还是喜怒爱恶，可是对象变了。那些礼的惰性却很大，并不跟着变。这就留下了许许多多遗形物，没有了需要，没有了意义；不近人情的伪礼，只会束缚人。《老子》里攻击礼，说“有了礼，忠信就差了”①；后世有些人攻击礼，说“礼不是为我们定的”②；近来大家攻击礼教，说“礼教是吃人的”。这都是指着那些个伪礼说的。

从来礼乐并称，但乐实在是礼的一部分；乐附属于礼，用来补助仪文的不足。乐包括歌和舞，是“人情之所必不免”的③。不但是“人情之所必不免”，而且乐声的绵延和融和也象征着天地万物的“流而不息，合同而化”④。这便是乐本。乐教人平心静气，互相和爱，教人联合起来，成为一整个儿。人人能够平心静气，互相和爱，自然没有贪欲、捣乱、欺诈等事，天下就治了。乐有改善人心、移风易俗的功用，所以与政治是相通的。按儒家说，礼乐刑政，到头来只是一个道理；这四件都顺理成章了，便是王道。这四件是互为因果的。礼坏乐崩，政治一定不成；所以审乐可以知政⑤。“治世之音安以乐，其政和；乱世之音怨以怒，其政乖；亡国之音哀以思，其民困。”⑥吴公子季札到鲁国观乐，乐工奏哪一国的乐，他就知道是哪一国的；他是从乐歌里所表现的政治气象而知道的⑦。歌词就是诗；诗与礼乐也是分不开的。孔子教学生要“兴于诗，立于礼，成于乐”⑧；那时要养成一个人才，必需学习这些。这些诗、礼、

---

① 《老子》三十八章。
② 阮籍语，原文见《世说新语·任诞》。
③ 《荀子·乐论篇》，《礼记·乐记》。
④ 《礼记·乐记》。
⑤ 《礼记·乐记》。
⑥ 《礼记·乐记》。
⑦ 《左传》襄公二十九年。
⑧ 《论语·泰伯》。

乐，在那时代都是贵族社会所专有，与平民是无干的。到了战国，新声兴起，古乐衰废，听者只求悦耳，就无所谓这一套乐意。汉以来胡乐大行，那就更说不到了。

古代似乎没有关于乐的经典，只有《礼记》里的《乐记》，是抄录儒家的《公孙尼子》等书而成，原本已经是战国时代的东西了。关于礼，汉代学者所传习的有三种经和无数的“记”。那三种经是《仪礼》《礼古经》《周礼》。《礼古经》已亡佚，《仪礼》和《周礼》相传都是周公作的。但据近来的研究，这两部书实在是战国时代的产物。《仪礼》大约是当时实施的礼制，但多半只是士的礼。那些礼是很繁琐的，踵事增华的多，表示诚意的少，已经不全是通乎人情的了。《仪礼》可以说是宗教仪式和风俗习惯的混合物；《周礼》却是一套理想的政治制度。那些制度的背景可以看出是战国时代；但组成了整齐的系统，便是著书人的理想了。

“记”是儒家杂述礼制、礼制变迁的历史，或礼论之作；所述的礼制有实施的，也有理想的。又叫作《礼记》：这《礼记》是一个广泛的名称。这些“记”里包含着《礼古经》的一部分。汉代所见的“记”很多，但流传到现在的只有三十八篇《大戴记》和四十九篇《小戴记》。后世所称《礼记》，多半专指《小戴记》说。大戴是戴德；小戴是戴圣，戴德的侄儿。相传他们是这两部书的编辑人。但二戴都是西汉的《仪礼》专家。汉代有“五经”博士；凡是一家一派的经学影响大的，都可以立博士。大戴仪礼学后来立了博士，小戴本人就是博士。汉代经师的家法最严，一家的学说里绝不能掺杂别家。但现存的两部“记”里都各掺杂着非二戴的学说。所以有人说这两部书是别人假托二戴的名字纂辑的；至少是二戴原书多半亡佚，由别人拉杂凑成的，——可是成书也还在汉代。——这两部书里，《小戴记》容易些，后世诵习的人比较多些；所以差不多专占了《礼记》的名字。

参考资料

洪业《礼记引得序》。

《仪礼引得序》。

“春秋三传”第六（国语附）

“春秋”是古代记事史书的通称。古代朝廷大事，多在春秋二季举行，所以记事的书用这个名字。各国有各国的“春秋”，但是后世都不传了。传下的只有一部《鲁春秋》，《春秋》成了它的专名，便是《春秋经》了。传说这部《春秋》是孔子作的，至少是他编的。鲁哀公十四年，鲁西有猎户打着一只从没有见过的独角怪兽，想着定是个不祥的东西，将它扔了。这个新闻传到了孔子那里，他便去看。他一看，就说：“这是麟啊。为谁来的呢！干什么来的呢！唉唉！我的道不行了！”说着流下泪来，赶忙将袖子去擦，泪点儿却已滴到衣襟上。原来麟是个仁兽，是个祥瑞的东西；圣帝明王在位，天下太平，它才会来，不然是不会来的。可是那时代哪有圣帝明王？天下正乱纷纷的，麟来得真不是时候，所以让猎户打死；它算是倒了运了。

孔子这时已经年老，也常常觉着生的不是时候，不能行道；他为周朝伤心，也为自己伤心。看了这只死麟，一面同情它，一面也引起自己的无限感慨。他觉得生平说了许多教；当世的人君总不信他，可见空话不能打动人。他发愿修一部《春秋》，要让人从具体的事例里，得到善恶的教训，他相信这样得来的教训比抽象的议论深切著明得多。他觉得修成了这部《春秋》，虽然不能行道，也算不白活一辈子。这便动起手来，九个月书就成功了。书起于鲁隐公，终于获麟；因获麟有感而作，所以叙到获麟绝笔，是纪念的意思。

但是《左传》里所载的《春秋经》，获麟后还有，而且在记了“孔子卒”的哀公十六年后还有：据说那都是他的弟子们续修的了。

这个故事虽然够感伤的，但我们从种种方面知道，它却不是真的。《春秋》只是鲁国史官的旧文，孔子不曾掺进手去。《春秋》可是一部信史，里面所记的鲁国日食，有三十次和西方科学家所推算的相合，这决不是偶然的。不过书中残阙、零乱和后人增改的地方，都很不少。书起于隐公元年，到哀公十四年止，共二百四十二年（公元前七二二至前四八一）；后世称这二百四十二年为春秋时代。书中纪事按年月日，这叫作编年。编年在史学上是个大发明；这教历史系统化，并增加了它的确实性。“春秋”是我国现存的第一部编年史。书中虽用鲁国纪元，所记的却是各国的事，所以也是我们第一部通史。所记的齐桓公、晋文公的霸迹最多；后来说“尊王攘夷”是《春秋》大义，便是从这里着眼。

古代史官记事，有两种目的：一是征实，二是劝惩。像晋国董狐不怕权势，记“赵盾弑其君”①，齐国太史记“崔杼弑其君”②，虽杀身不悔，都为的是征实和惩恶，作后世的鉴戒。但是史文简略，劝惩的意思有时不容易看出来，因此便需要解说的人。《国语》记楚国申叔时论教太子的科目，有“春秋”一项，说“春秋”有奖善惩恶的作用，可以戒劝太子的心。孔子是第一个开门授徒，拿经典教给平民的人，《鲁春秋》也该是他的一种科目。关于劝惩的所在，他大约有许多口义传给弟子们。他死后，弟子们散在四方，就所能记忆的又教授开去。《左传》《公羊传》《穀梁传》，所谓“春秋三传”里，所引孔子解释和评论的话，大概就是指的这一些。

三传特别注重《春秋》的劝惩作用；征实与否，倒在其次。按三传的看法，《春

① 《左传》宣公二年。
② 《左传》襄公二十五年。

秋》大义可以从两方面说：明辨是非，分别善恶，提倡德义，从成败里见教训，这是一；夸扬霸业，推尊周室，亲爱中国，排斥夷狄，实现民族大一统的理想，这是二。前者是人君的明鉴，后者是拨乱反正的程序。这都是王道。而敬天事鬼，也包括在王道里。《春秋》里记灾，表示天罚，记鬼，表示恩仇，也还是劝惩的意思。古代记事的书常夹杂着好多的迷信和理想，《春秋》也不免如此；三传的看法，大体上是对的。但在解释经文的时候，却往往一个字一个字地咬嚼；这一咬嚼，便不顾上下文穿凿傅会起来了。《公羊》《穀梁》，尤其如此。

这样咬嚼出来的意义就是所谓“书法”，所谓“褒贬”，也就是所谓“微言”。后世最看重这个。他们说孔子修《春秋》。“笔则笔，削则削”[①]，“笔”是书，“削”是不书，都有大道理在内。又说一字之褒，比教你作王公还荣耀，一字之贬，比将你作罪人杀了还耻辱。本来孟子说过，“孔子成《春秋》而乱臣贼子惧”[②]，那似乎只指概括的劝惩作用而言。等到褒贬说发展，孟子这句话倒像更坐实了。而孔子和《春秋》的权威也就更大了。后世史家推尊孔子，也推尊《春秋》，承认这种书法是天经地义；但实际上他们却并不照三传所咬嚼出来的那么穿凿傅会地办。这正和后世诗人尽管推尊《毛诗》“传”“笺”里比兴的解释，实际上却不那样穿凿傅会地作诗一样。三传，特别是《公羊传》和《穀梁传》，和《毛诗》“传”“笺”，在穿凿解经这件事上是一致的。

三传之中，公羊、穀梁两家全以解经为主，左氏却以叙事为主。公、穀以解经为主，所以咬嚼得更利害些。战国末期，专门解释《春秋》的有许多家，公、穀较晚出而仅存。这两家固然有许多彼此相异之处，但渊源似乎是相同的；他们所引别家的解说也有些是一样的。这两种《春秋》经传经过秦火，

① 《史记·孔子世家》。
② 《孟子·滕文公下》。

多有残阙的地方；到汉景帝武帝时候，才有经师重加整理，传授给人。公羊、穀梁只是家派的名称，仅存姓氏，名字已不可知。至于他们解经的宗旨，已见上文；《春秋》本是儒家传授的经典，解说的人，自然也离不开儒家，在这一点上，三传是大同小异的。

《左传》这部书，汉代传为鲁国左丘明所作。这个左丘明，有的说是“鲁君子”，有的说是孔子的朋友；后世又有说是鲁国的史官的。[①]这部书历来讨论的最多。汉时有“五经”博士。凡解说“五经”自成一家之学的，都可立为博士。立了博士，便是官学；那派经师便可作官受禄。当时《春秋》立了公、穀二传的博士。《左传》流传得晚些，古文派经师也给它争立博士。今文派却说这部书不得孔子《春秋》的真传，不如公、穀两家。后来虽一度立了博士，可是不久还是废了。倒是民间传习的渐多，终于大行！原来公、穀不免空谈，《左传》却是一部仅存的古代编年通史（残缺又少），用处自然大得多。《左传》以外，还有一部分国记载的《国语》，汉代也认为左丘明所作，称为《春秋外传》。后世学者怀疑这一说的很多。据近人的研究，《国语》重在“语”，记事颇简略，大约出于另一著者的手，而为《左传》著者的重要史料之一。这书的说教，也不外尚德、尊天、敬神、爱民，和《左传》是很相近的。只不知著者是谁。其实《左传》著者我们也不知道。说是左丘明，但矛盾太多，不能教人相信。《左传》成书的时代大概在战国，比公、穀二传早些。

《左传》这部书大体依《春秋》而作；参考群籍，详述史事，征引孔子和别的“君子”解经评史的言论，吟味书法，自成一家言。但迷信卜筮，所记祸福的预言，几乎无不应验；这却大大违背了征实的精神，而和儒家的宗旨也不合了。晋范宁作《穀梁传序》说，“左氏艳而富，其失也巫”；“艳”

---

① 《史记·十二诸侯年表序》说是“鲁君子”，《汉书·刘歆传》说“亲见夫子”，“好恶与圣人同”，杜预《春秋序》说是“身为国史”。

是文章美，"富"是材料多，"巫"是多叙鬼神，预言祸福。这是句公平话。注《左传》的，汉代就不少，但那些许多已散失；现存的只有晋杜预注，算是最古了。

杜预作《春秋序》，论到《左传》，说"其文缓，其旨远"；"缓"是委婉，"远"是含蓄。这不但是好史笔，也是好文笔 。所以《左传》不但是史学的权威，也是文学的权威。《左传》的文学本领，表现在记述辞令和描写战争上。春秋列国，盟会颇繁，使臣会说话不会说话，不但关系荣辱，并且关系利害，出入很大，所以极重辞令。《左传》所记当时君臣的话，从容委曲，意味深长。只是平心静气地说，紧要关头却不放松一步；真所谓恰到好处。这固然是当时风气如此，但不经《左传》著者的润饰功夫，也决不会那样在纸上活跃的。战争是个复杂的程序。叙得头头是道，已经不易，叙得有声有色，更难；这差不多全靠忙中有闲，透着优游不迫神儿，才成。这却正是《左传》著者所擅长的。

参考资料

洪业《春秋传引得序》。

“四书”第七

“四书五经”到现在还是我们口头上一句熟语。“五经”是《易》《书》《诗》《礼》《春秋》；“四书”按照普通的顺序是《大学》《中庸》《论语》《孟子》，前二者又简称《学》《庸》，后二者又简称《论》《孟》；有了简称，可见这些书是用得很熟的。本来呢，从前私塾里，学生入学，是从“四书”读起的。这是那些时代的小学教科书；而且是统一的标准的小学教科书，因为没有不用的。那时先生不讲解，只让学生背诵，不但得背正文，而且得背朱熹的小注。只要囫囵吞枣地念，囫囵吞枣地背；不懂不要紧，将来用得着，自然会懂的。怎么说将来用得着？那些时候行科举制度。科举是一种竞争的考试制度，考试的主要科目是八股文，题目都出在“四书”里，而且是朱注的“四书”里。科举分几级，考中的得着种种出身或资格，凭着这种资格可以建功立业，也可以升官发财；作好作歹，都得先弄个资格到手。科举几乎是当时读书人惟一的出路。每个学生都先读“四书”，而且读的是朱注，便是这个缘故。

将朱注“四书”定为科举用书，是从元仁宗皇庆二年（西元一三一三）起的。规定这四种书，自然因为这些书本身重要，有人人必读的价值；规定朱注，也因为朱注发明书义比旧注好些，切用些。这四种书原来并不在一起，《学》《庸》都在《礼记》里，《论》《孟》是单行的。这些书原来只算是诸子书，朱子原来也只称为“四子”；但《礼记》《论》《孟》在汉代都立过博士，已经都升到经里去了。后来唐代的“九经”里虽然只有《礼记》，宋代的“十三经”却又将《论》《孟》收了进去。[①]《中庸》很早就被人单独注意，汉代已有关于《中庸》的著作，六朝时也有，可惜都不传了。[②]关于《大学》的著作却直到司马光的《大学通义》才开始，这部书也不传了。这些著作并不曾教《学》《庸》普及，教《学》《庸》和《论》《孟》同样普及的是朱子的注，“四书”也是他编在一起的，“四书”的名字也因他而有。

但最初用力提倡这几种书的是程颢、程颐兄弟。他们说：“《大学》是孔门的遗书，是初学者入德的门径。只有从这部书里，还可以知道古人做学问的程序。从《论》《孟》里虽也可看出一些，但不如这部书的分明易晓。学者必须从这部书入手，才不会走错了路。”[③]这里没提到《中庸》。可是他们是很推尊《中庸》的。他们在另一处说：“‘不偏’叫作‘中’，‘不易’叫作‘庸’；‘中’是天下的正道，‘庸’是天下的定理。《中庸》是孔门传授心法的书，是子思记下来传给孟子的。书中所述的人生哲理，意味深长；会读书的细加玩赏，自然能心领神悟终身受用不尽。”[④]这四种书到了朱子手里才打成一片。他接受二程的见解，加以系统的说明，四种书便贯串起来了。

他说，古来有小学大学。小学里教洒扫进退的规矩，和礼、乐、射、御、书、数，所谓“六艺”的。大学里教穷理、正心、修己、治人的道理。所教的都切于民生日用，都是实学。《大学》这部书便是古来大学里教学生的方法，规模大，节目详；而所谓“格物、致知、诚意、正心、修身、齐家、治国、平天下”，

---

① 九经：《易》、《书》、《诗》、三礼、《春秋》三传。十三经：《易》、《书》、《诗》、三礼、《春秋》三传、《论语》、《孝经》、《尔雅》、《孟子》。

② 《汉书·艺文志》有《中庸说》二篇，《隋书·经籍志》有戴颙《中庸传》二卷，梁武帝《中庸讲疏》一卷。

③ 原文见《大学章句》卷头。

④ 原文见《中庸章句》卷头。

是循序渐进的。程子说是“初学者入德的门径”，就是为此。这部书里的道理，并不是为一时一事说的，是为天下后世说的。这是“垂世立教的大典”[①]，所以程子举为初学者的第一部书。《论》《孟》虽然也切实，却是“应机接物的微言”[②]，问的不是一个人，记的也不是一个人。浅深先后，次序既不分明，抑扬可否，用意也不一样，初学者领会较难。所以程子放在第二步。至于《中庸》，是孔门的心法，初学者领会更难，程子所以另论。

但朱子的意思，有了《大学》的提纲挈领，便能领会《论》《孟》里精微的分别去处；融贯了《论》《孟》的旨趣，也便能领会《中庸》里的心法。人有人心和道心；人心是私欲，道心是天理。人该修养道心，克制人心，这是心法。朱子的意思，不领会《中庸》里的心法，是不能从大处着眼，读天下的书，论天下的事的。他所以将《中庸》放在第三步，和《大学》《论》《孟》合为“四书”，作为初学者的基础教本。后来规定“四书”为科举用书，原也根据这番意思。不过朱子教人读“四书”，为的成人，后来人读“四书”，却重在猎取功名；这是不合于他提倡的本心的。至于顺序变为《学》《庸》《论》《孟》，那是书贾因为《学》《庸》篇页不多，合为一本的缘故；通行既久，居然约定俗成了。

《礼记》里的《大学》，本是一篇东西，朱子给分成经一章，传十章；传是解释经的。因为要使传合经，他又颠倒了原文的次序，并补上一段儿。他注《中庸》时，虽没有这样大的改变，可是所分的章节，也与郑玄注的不同。所以这两部书的注，称为《大学章句》《中庸章句》。《论》《孟》的注，却是融合各家而成，所以称为《论语集注》《孟子集注》。《大学》的经一章，朱子想着是曾子追述孔子的话；传十章，他相信是曾子的意思，由弟子们记

① 原文见《中庸章句》卷头。
② 朱子《大学或问》卷一。

下的。《中庸》的著者，朱子和程子一样，都接受《史记》的记载，认为是子思。[①] 但关于书名的解释，他修正了一些。他说，“中”除“不偏”外，还有“无过无不及”的意思；“庸”解作“不易”，不如解作“平常”的好。[②] 照近人的研究，《大学》的思想和文字，很有和荀子相同的地方，大概是荀子学派的著作。《中庸》，首尾和中段思想不一贯，从前就有人疑心。照近来的看法，这部书的中段也许是子思原著的一部分，发扬孔子的学说，如“时中”“忠恕”“知仁勇”“五伦”等。首尾呢，怕是另一关于《中庸》的著作，经后人混合起来的；这里发扬的是孟子的天人相通的哲理，所谓“至诚”“尽性”，都是的。著者大约是一个孟子学派。

《论语》是孔子弟子们记的。这部书不但显示一个伟大的人格——孔子，并且让读者学习许多做学问做人的节目：如“君子”“仁”“忠恕”，如“时习”“阙疑”“好古”“隅反”“择善”“困学”等，都是可以终身应用的。《孟子》据说是孟子本人和弟子公孙丑、万章等共同编定的。书中说“仁”兼说“义”，分辨“义”“利”甚严；而辨“性善”，教人求“放心”，影响更大。又说到“养浩然之气”，那“至大至刚”“配义与道”的“浩然之气”，[③] 这是修养的最高境界，所谓天人相通的哲理，书中攻击杨朱、墨翟两派，词锋咄咄逼人。这在儒家叫作攻异端，功劳是很大的。孟子生在战国时代，他不免“好辩”，他自己也觉得的；[④] 他的话流露着“英气”，“有圭角”，和孔子的温润是不同的。所以儒家只称为“亚圣”，次于孔子一等。[⑤]《孟子》有东汉的赵岐注。《论语》有孔安国、马融、郑玄诸家注，却都已残佚，只零星的见于魏何晏的《集

① 《孔子世家》。
② 《中庸或问》卷一。
③ 《公孙丑》。
④ 《滕文公》。
⑤ 《孟子集注序说》引程子说。

解》里。汉儒注经，多以训诂名物为重；但《论》《孟》词意显明，所以只解释文句，推阐义理而止。魏晋以来，玄谈大盛，孔子已经道家化；解《论语》的也多参入玄谈，参入当时的道家哲学。这些后来却都不流行了。到了朱子，给《论》《孟》作注，虽说融会各家，其实也用他自己的哲学作架子。他注《学》《庸》，更显然如此。他的哲学切于世用，所以一般人接受了，将他解释的孔子当作真的孔子。

他那一套"四书"注实在用尽了平生的力量，改定至再至三；直到临死的时候，他还在改定《大学诚意章》的注。注以外又作了《四书或问》，发扬注义，并论述对于旧说的或取或舍的理由。他在"四书"上这样下工夫，一面固然为了诱导初学者，一面还有一个用意，便是排斥老、佛，建立道统。他在《中庸章句序》里论到诸圣道统的传承，末尾自谦说，"于道统之传，不敢妄议"；其实他是隐隐在以传道统自期呢。《中庸》传授心法，正是道统的根本。将它加在《大学》《论》《孟》之后而成"四书"，朱子自己虽然说是给初学者打基础，但一大半恐怕还是为了建立道统，不过他自己不好说出罢了。他注"四书"在宋孝宗淳熙年间（西元一一七四至一一八九）。他死后朝廷将他的"四书"注审定为官书，从此盛行起来。他果然成了传儒家道统的大师了。

《战国策》第八

春秋末年，列国大臣的势力渐渐膨胀起来。这些大臣都是世袭的，他们一代一代聚财养众，明争暗夺了君主的权力，建立起自己的特殊地位。等到机会成熟，便跳起来打倒君主自己干。那时候各国差不多都起了内乱。晋国让韩魏赵三家分了，姓姜的齐国也让姓田的大夫占了。这些，周天子只得承认了。这是封建制度崩坏的开始，那时候周室也经过了内乱，土地大半让邻国抢去，剩下的又分为东西周；东西周各有君王，彼此还争争吵吵的。这两位君王早已失去春秋时代"共主"的地位，而和列国诸侯相等了。后来列国纷纷称王，周室更不算回事；他们至多能和宋、鲁等小国君主等量齐观罢了。

秦楚两国也经过内乱，可是站住了。它们本是边远的国家，却渐渐伸张势力到中原来。内乱平后，大加整顿，努力图强，声威便更广了。还有极北的燕国，向来和中原国家少来往；这时候也有力量向南参加国际政治了。秦、楚、燕和新兴的韩、魏、赵、齐，是那时代的大国，称为"七雄"。那些小国呢，从前可以仰仗霸主的保护，作大国的附庸；现在可不成了，只好让人家吞的吞，并的并。算只留下宋、鲁等两三国，给七雄当缓冲地带。封建制度既然在崩坏中，七雄便各成一单位，各自争存，各自争强；国际政局比春秋时代紧张多了。战争也比从前严重多了。列国都在自己边界上修起长城来。这时候军器进步了；从前的兵器都用铜打成，现在有用铁打成的了。战术也进步了。攻守的方法都比从前精明；从前只用兵车和步卒，现在却发展了骑兵。这时候还有以帮人家作战为职业的人。这时候的战争，杀伤是很多的。孟子说，“争地以战，杀人盈野；争城以战，杀人盈城”。[1]可见那凶惨的情形。后人因此称这时代为战国时代。

在长期混乱之后，贵族有的做了国君，有的渐渐衰灭。这个阶级算是随着封建制度崩坏了。那时候的国君，没有了世袭的大臣，便集权专制起来。辅助他们的是一些出身贵贱不同的士人。那时候君主和大臣都竭力招揽有技能的人，甚至学鸡鸣学狗盗的也都收留着。这是所谓“好客”“好士”的风气。其中最高的是说客，是游说之士。当时国际关系紧张，战争随时可起。战争到底是劳民伤财的，况且难得有把握；重要的还是作外交的工夫。外交办得好，只凭口舌排难解纷，可以免去战祸；就是不得不战，也可以多找一些与国，一些帮手。担负这种外交的人，便是那些策士，那些游说之士。游说之士既然这般重要，所以立谈可以取卿相；只要有计谋，会辩说就成，出身的贵贱倒是不在乎的。

七雄中的秦，从孝公用商鞅变法以后，日渐强盛。到后来成了与六国对峙的局势。这时候的游说之士，有的劝六国联合起来抗秦，有的劝六国联合起来亲秦。前一派叫“合纵”，是联合南北各国的意思，后一派叫“连横”，是联合东西各国的意思——只有秦是西方的国家。合纵派的代表是苏秦，连横派的是张仪；他们可以代表所有的战国游说之士。后世提到游说的策士，总想到这两个人，提到纵横家，也总是想到这两个人。他们都是鬼谷先生的弟子。苏秦起初也是连横派。他游说秦惠王，秦惠王老不理他；穷得要死，只好回家。妻子，嫂嫂，父母，都瞧不起他。他恨极了，用心读书，用心揣

---

① 《离娄》。

摩；夜里倦了要睡，用锥子扎大腿，血流到脚上。这样整一年，他想着成了，便出来游说六国合纵。这回他果然成功了，佩了六国相印，又有势又有钱。打家里过的时候，父母郊迎三十里，妻子低头，嫂嫂趴在地下谢罪。他叹道："人生世上，势位富贵，真是少不得的！"张仪和楚相喝酒，楚相丢了一块璧。手下人说张仪穷而无行，一定是他偷的，绑起来打了几百下。张仪始终不认，只好放了他。回家，他妻子说："唉，要不是读书游说，哪会受这场气！"他不理，只说："看我舌头还在罢？"妻子笑道："舌头是在的。"他说："那就成！"后来果然做了秦国的相；苏秦死后，他也大大得意了一番。

苏秦使锥子扎腿的时候，自己发狠道："哪有游说人主不能得金玉锦绣，不能取卿相之尊的道理！"这正是战国策士的心思。他们凭他们的智谋和辩才，给人家画策，办外交；谁用他们就帮谁。他们是职业的，所图的是自己的功名富贵；帮你的时候帮你，不帮的时候也许害你。翻覆，在他们看来是没有什么的。本来呢，当时七雄分立，没有共主，没有盟主，各干各的，谁胜谁得势。国际间没有是非，爱帮谁就帮谁，反正都一样。苏秦说连横不成，就改说合纵，在策士看来，这正是当然。张仪说舌头在就行，说是说非，只要会说，这也正是职业的态度。他们自己没有理想，没有主张，只求揣摩主上的心理，拐弯儿抹角投其所好。这需要技巧；《韩非子·说难篇》专论这个。说得好固然可以取"金玉锦绣"和"卿相之尊"，说得不好也会招杀身之祸，利害所关如此之大，苏秦费一整年研究揣摩不算多。当时各国所重的是威势，策士所说原不外战争和诈谋；但要因人因地进言，广博的知识和微妙的机智都是不可少的。

记载那些说辞的书叫《战国策》，是汉代刘向编定的，书名也是他提议的。但在他以前，汉初著名的说客蒯通，大约已经加以整理和润饰，所以各篇如出一手。《汉书》本传里记着他"论战国时说士权变，亦自序其说，凡八十一篇，号曰《隽永》”，大约就是刘向所根据的底本了。[①] 蒯通那枝笔是很有力量的。铺陈的伟丽，叱咤的雄豪，固然传达出来了；而那些曲折微妙的声口，也丝丝入扣，千载如生。读这部书，真是如闻其语，如见其人。汉以来批评这部书的都用儒家的眼光。刘向的序里说战国时代“捐礼让而贵战争，弃仁义而用诈谲，苟以取强而已矣”，可以代表。但他又说这些是“高才秀士”的“奇策异智”，“亦可喜，皆可观”。这便是文辞的作用了。宋代有个李文叔，也说这部书所记载的事“浅陋不足道”，但“人读之，则必乡其说之工，而忘其事之陋者，文辞之胜移之而已”。又道，说的还不算难，记的才真难得呢。[②] 这部书除文辞之胜外，所记的事，上接春秋时代，下至楚汉兴起为止，共二百零二年（西元前四〇三至前二〇二），也是一部重要的古史。所谓战国时代，便指这里的二百零二年；而战国的名称也是刘向在这部书的序里定出的。

参考资料

雷海宗《中国通史选读》第二册（清华大学讲义排印本）。

① 罗根泽《战国策作于蒯通考》及《补证》（《古史辨》第四册）。
② 李格非《书〈战国策〉后》。

《史记》《汉书》第九

说起中国的史书，《史记》《汉书》，真是无人不知，无人不晓。这有两个原因。一则这两部书是最早的有系统的历史，再早虽然还有《尚书》《鲁春秋》《国语》《春秋左氏传》《战国策》等，但《尚书》《国语》《战国策》，都是记言的史，不是记事的史。《春秋》和《左传》是记事的史了，可是《春秋》太简短，《左氏传》虽够铺排的，而跟着《春秋》编年的系统，所记的事还不免散碎。《史记》创了“纪传体”，叙事自黄帝以来到著者当世，就是汉武帝的时候，首尾三千多年。《汉书》采用了《史记》的体制，却以汉事为断，从高祖到王莽，只二百三十年。后来的史书全用《汉书》的体制，断代成书；二十四史里，《史记》《汉书》以外的二十二史都如此。这称为“正史”。《史记》《汉书》，可以说都是“正史”的源头。二则，这两部书都成了文学的古典；两书有许多相同处，虽然也有许多相异处。大概东汉、魏、晋到唐，喜欢《汉书》的多，唐以后喜欢《史记》的多，而明、清两代犹然。这是两书文体各有所胜的缘故。但历来班、马并称，《史》《汉》连举，它们叙事写人的技术，毕竟是大同的。

《史记》，汉司马迁著。司马迁字子长，左冯翊夏阳（今陕西韩城）人，景帝中元五年（西元前一四五）生，卒年不详。他是太史令司马谈的儿子。小时候在本乡只帮人家耕耕田放放牛玩儿。司马谈做了太史令，才将他带到京师（今西安）读书。他十岁的时候，便认识“古文”的书了。二十岁以后，到处游历，真是足迹遍天下。他东边到过现在的河北、山东及江、浙沿海，南边到过湖南、江西、云南、贵州，西边到过陕、甘、西康等处，北边到过长城等处；当时的“大汉帝国”，除了朝鲜、河西（今宁夏一带）、岭南几个新开郡外，他都走到了。他的出游，相传是父亲命他搜求史料去的；但也有些处是因公去的。他搜得了多少写的史料，没有明文，不能知道。可是他却看到了好些古代的遗迹，听到了好些古代的轶闻；这些都是活史料，他用来印证并补充他所读的书。他作《史记》，叙述和描写往往特别亲切有味，便是为此。他的游历不但增扩了他的见闻，也增扩了他的胸襟；他能够综括三千多年的事，写成一部大书，而行文又极其抑扬变化之致，可见出他的胸襟是如何的阔大。

他二十几岁的时候，应试得高第，做了郎中。武帝元封元年（西元前一一〇），大行封禅典礼，步骑十八万，旌旗千余里。司马谈是史官，本该从行；但是病得很重，留在洛阳不能去。司马迁却跟去了。回来见父亲，父亲已经快死了，拉着他的手呜咽着道：“我们先人从虞夏以来，世代做史官；周末弃职他去，从此我家便衰微了。我虽然恢复了世传的职务，可是不成；你看这回封禅大典，我竟不能从行，真是命该如此！再说孔子因为眼见王道缺，礼乐衰，才整理文献，论《诗》《书》，作《春秋》，他的功绩是不朽的。孔子到现在又四百多年了，各国只管争战，史籍都散失了，这得搜求整理；汉朝一统天下，明主、贤君、忠臣、死义之士，也得记载表彰。我做了太史令，却没能尽职，无所论著，真是惶恐万分。你若能继承先业，再做太史令，成就我的未竟之志，扬名于后世，那就是大孝了。你想着我的话吧。”[①]司马

① 原文见《史记·自序》。

迁听了父亲这番遗命，低头流泪答道：“儿子虽然不肖，定当将你老人家所搜集的材料，小心整理起来，不敢有所遗失。”[①] 司马谈便在这年死了；司马迁这年三十六岁。父亲的遗命指示了他一条伟大的路。

父亲死的第三年，司马迁果然做了太史令。他有机会看到许多史籍和别的藏书，便开始做整理的工夫。那时史料都集中在太史令手里，特别是汉代各地方行政报告，他那里都有。他一面整理史料，一面却忙着改历的工作；直到太初元年（西元前一〇四），太初历完成，才动手着他的书。天汉二年（西元前九九），李陵奉了贰师将军李广利的命，领了五千兵，出塞打匈奴。匈奴八万人围着他们；他们杀伤了匈奴一万多，可是自己的人也死了一大半。箭完了，又没吃的，耗了八天，等贰师将军派救兵。救兵竟没有影子。匈奴却派人来招降。李陵想着回去也没有脸，就降了。武帝听了这个消息，又急又气。朝廷里纷纷说李陵的坏话。武帝问司马迁，李陵到底是个怎样的人。李陵也做过郎中，和司马迁同过事，司马迁是知道他的。

他说李陵这个人秉性忠义，常想牺牲自己，报效国家。这回以少敌众，兵尽路穷，但还杀伤那么些人，功劳其实也不算小。他决不是怕死的人，他的降大概是假意的，也许在等机会给汉朝出力呢。武帝听了他的话，想着贰师将军是自己派的元帅，司马迁却将功劳归在投降的李陵身上，真是大不敬；便教将他抓起来，下在狱里。第二年，武帝杀了李陵全家，处司马迁宫刑。宫刑是个大辱，污及先人，见笑亲友。他灰心失望已极，只能发愤努力，在狱中专心致志写他的书，希图留个后世名。过了两年，武帝改元太始，大赦天下。他出了狱，不久却又做了宦者做的官，中书令，重被宠信。但他还继续写他的书。直到征和二年（西元前九一），全书才得完成，共一百三十篇，

① 原文见《史记·自序》。

五十二万六千五百字。他死后，这部书部分的流传；到宣帝时，他的外孙杨恽才将全书献上朝廷去，并传写公行于世。汉人称为《太史公书》《太史公》《太史公记》《太史记》。魏晋间才简称为《史记》，《史记》便成了定名。这部书流传时颇有缺佚，经后人补续改窜了不少；只有元帝、成帝间褚少孙补的有主名，其余都不容易考了。

司马迁是窃比孔子的。孔子是在周末官守散失时代第一个保存文献的人；司马迁是秦火以后第一个保存文献的人。他们保存的方法不同，但是用心一样。《史记·自序》里记着司马迁和上大夫壶遂讨论作史的一番话。司马迁引述他的父亲称扬孔子整理"六经"的丰功伟业，而特别着重《春秋》的著作。他们父子都是相信孔子作《春秋》的。他又引董仲舒所述孔子的话："我有种种觉民救世的理想，凭空发议论，恐怕人不理会；不如借历史上现成的事实来表现，可以深切著明些。"[①]这便是孔子作《春秋》的趣旨；他是要明王道，辨人事，分明是非善恶贤不肖，存亡继绝，补敝起废，作后世君臣龟鉴。《春秋》实在是礼义的大宗，司马迁相信礼治是胜于法治的。他相信《春秋》包罗万象，采善贬恶，并非以刺讥为主。像他父亲遗命所说的，汉兴以来，人主明圣盛德，和功臣、世家、贤大夫之业，是他父子职守所在，正该记载表彰。他的书记汉事较详，固然是史料多，也是他意主尊汉的缘故。他排斥暴秦，要将汉远承三代。这正和今文家说的《春秋》尊鲁一样，他的书实在是窃比《春秋》的。他虽自称只是"厥协《六经》异传，整齐百家杂语"[②]，述而不作，不敢与《春秋》比，那不过是谦辞罢了。

他在《报任安书》里说他的书"欲以究天人之际，通古今之变，成一家之言"。《史记·自序》里说，"罔（网）罗天下放佚旧闻，王迹所兴，原始察终，

---

① 原文见《史记·自序》。
② 原文见《史记·自序》。

见盛观衰，论考之行事”。“王迹所兴”，始终盛衰，便是“古今之变”，也便是“天人之际”。“天人之际”只是天道对于人事的影响；这和所谓“始终盛衰”都是阴阳家言。阴阳家倡“五德终始说”，以为金木水火土五行之德，互相克胜，终始运行，循环不息。当运者盛，王迹所兴；运去则衰。西汉此说大行，与“今文经学”合而为一。司马迁是请教过董仲舒的，董就是今文派的大师；他也许受了董的影响。“五德终始说”原是一种历史哲学；实际的教训只是让人君顺时修德。

《史记》虽然窃比《春秋》，却并不用那咬文嚼字的书法，只据事实录，使善恶自见。书里也有议论，那不过是著者牢骚之辞，与大体是无关的。原来司马迁自遭李陵之祸，更加努力著书。他觉得自己已经身废名裂，要发抒意中的郁结，只有这一条通路。他在《报任安书》和《史记·自序》里引了文王以下到韩非诸贤圣，都是发愤才著书的。他自己也是个发愤著书的人。天道的无常，世变的无常，引起了他的慨叹；他悲天悯人，发为牢骚抑扬之辞。这增加了他的书的情韵。后世论文的人推尊《史记》，一个原因便在这里。

班彪论前史得失，却说他“论议浅而不笃，其论术学，则崇黄老而薄五经，序货殖，则轻仁义而羞贫穷，论游侠，则贱守节而贵俗功”，以为“大敝伤道”；[①] 班固也说他“是非颇谬于圣人”。[②] 其实推崇道家的是司马谈；司马迁时，儒学已成独尊之势，他也成了一个推崇的人了。至于《游侠》《货殖》两传，确有他的身世之感。那时候有钱可以赎罪，他遭了李陵之祸，刑重家贫，不能自赎，所以才有“羞贫穷”的话；他在穷窘之中，交游竟没有一个抱不平来救他的，所以才有称扬游侠的话。这和《伯夷传》里天道无常的疑问，都只是偶一借题发挥，无关全书大旨。东汉王允死看“发愤”著书一语，加

① 《后汉书·班彪传》。
② 《汉书·司马迁传赞》。

上咬文嚼字的成见，便说《史记》是“佞臣”的“谤书”[1]，那不但误解了《史记》，也太小看了司马迁了。

《史记》体例有五：十二本纪，记帝王政绩，是编年的。十表，以分年略记世代为主。八书，记典章制度的沿革。三十世家，记侯国世代存亡。七十列传，类记各方面人物。史家称为“纪传体”，因为“纪传”是最重要的部分。古史不是断片的杂记，便是顺按年月的纂录；自出机杼，创立规模，以驾驭去取各种史料的，从《史记》起始。司马迁的确能够贯穿经传，整齐百家杂语，成一家言。他明白“整齐”的必要，并知道怎样去“整齐”：这实在是创作，是以述为作。他这样将自有文化以来三千年间君臣士庶的行事，“合一炉而冶之”，却反映着秦汉大一统的局势。《春秋左氏传》虽也可算通史，但是规模完具的通史，还得推《史记》为第一部书。班固根据他父亲班彪的意见，说司马迁“善叙事理，辩而不华，质而不俚；其文直，其事核，不虚美，不隐恶，故谓之实录”。[2]“直”是“简省”的意思；简省而能明确，便见本领。《史记》共一百三十篇，列传占了全书的过半数；司马迁的史观是以人物为中心的。他最长于描写；靠了他的笔，古代许多重要人物的面形，至今还活现在纸上。

《汉书》，汉班固著。班固，字孟坚，扶风安陵（今陕西咸阳）人，光武帝建武八年生，和帝永元四年卒（西元三二至九二），他家和司马氏一样，也是个世家；《汉书》是子继父业，也和司马迁差不多。但班固的凭藉，比司马迁好多了。他曾祖班斿，博学有才气，成帝时，和刘向同校皇家藏书。成帝赐了他全套藏书的副本，《史记》也在其中。当时书籍流传很少，得来不易；班家得了这批赐书，真像大图书馆似的。他家又有钱，能够招待客人。后来有好些学者，老远的跑到他家来看书；扬雄便是一个。班斿的次孙班彪，

① 《后汉书·蔡邕传》。
② 《汉书·司马迁传赞》。

既有书看，又得接触许多学者；于是尽心儒术，成了一个史学家。《史记》以后，续作很多，但不是偏私，就是鄙俗；班彪加以整理补充，著了六十五篇《后传》。他详论《史记》的得失，大体确当不移。他的书似乎只有本纪和列传；世家是并在列传里。这部书没有流传下来，但他的儿子班固的《汉书》是用它作底本的。

班固生在河西；那时班彪避乱在那里。班固有弟班超，妹班昭，后来都有功于《汉书》。他五岁时随父亲到那时的京师洛阳。九岁时能作文章，读诗赋。大概是十六岁罢，他入了洛阳的大学，博览群书。他治学不专守一家；只重大义，不沾沾在章句上。又善作辞赋。为人宽和容众，不以才能骄人。在大学里读了七年书，二十三岁上，父亲死了，他回到安陵去。明帝永平元年（西元五八），他二十八岁，开始改撰父亲的书。他觉得《后传》不够详的，自己专心精究，想完成一部大书。过了三年，有人上书给明帝，告他私自改作旧史。当时天下新定，常有人假造预言，摇惑民心；私改旧史，更有机会造谣，罪名可以很大。

明帝当即诏令扶风郡逮捕班固，解到洛阳狱中，并调看他的稿子。他兄弟班超怕闹出大乱子，永平五年（西元六二），带了全家赶到洛阳；他上书给明帝，陈明原委，请求召见。明帝果然召见。他陈明班固不敢私改旧史，只是续父所作。那时扶风郡也已将班固稿子送呈。明帝却很赏识那稿子，便命班固做校书郎，兰台令史，跟别的几个人同修世祖（光武帝）本纪。班家这时候很穷。班超也做了一名书记，帮助哥哥养家。后来班固等又述诸功臣的事迹，作列传载记二十八篇奏上。这些后来都成了刘珍等所撰的《东观汉记》的一部分，与《汉书》是无关的。

明帝这时候才命班固续完前稿。永平七年（西元六四），班固三十三岁，在兰台重新写他的大著。兰台是皇家藏书之处，他取精用弘，比家中自然更好。次年，班超也做了兰台令史。虽然在官不久，就从军去了，但一定给班固帮助很多。章帝即位，好辞赋，更赏识班固了。他因此得常到宫中读书，往往连日带夜的读下去。大概在建初七年（西元八二），他的书才大致完成。那年他是五十一岁了。和帝永元元年（西元八九），车骑将军窦宪出征匈奴，用他做中护军，参议军机大事。这一回匈奴大败，逃得不知去向。窦宪在出塞三千多里外的燕然山上刻石纪功，教班固作铭。这是著名的大手笔。

次年他回到京师，就做窦宪的秘书。当时窦宪威势极盛；班固倒没有仗窦家的势欺压人，但他的儿子和奴仆却都无法无天的。这就得罪了许多地面上的官儿；他们都敢怒而不敢言。有一回他的奴子喝醉了，在街上骂了洛阳令种兢；种兢气恨极了，但也只能记在心里。永元四年（西元九二），窦宪阴谋弑和帝；事败，自杀。他的党羽，或诛死，或免官。班固先只免了官，种兢却饶不过他，逮捕了他，下在狱里。他已经六十一岁了，受不得那种苦，便在狱里死了。和帝得知，很觉可惜，特地下诏申斥种兢，命他将主办的官员抵罪。班固死后，《汉书》的稿子很散乱。他的妹子班昭也是高才博学，嫁给曹世叔，世叔早死，她的节行并为人所重。当时称为曹大家。这时候她奉诏整理哥哥的书；并有高才郎官十人，从她研究这部书——经学大师扶风马融，就在这十人里。书中的八表和天文志那时还未完成，她和马融的哥哥马续参考皇家藏书，将这些篇写定，这也是奉诏办的。

《汉书》的名称从《尚书》来，是班固定的。他说唐虞三代当时都有记载，颂述功德；汉朝却到了第六代才有司马迁的《史记》。而《史记》是通史，将汉朝皇帝的本纪放在尽后头，并且将尧的后裔的汉和秦、项放在相等的地位，这实在不足以推尊本朝。况《史记》只到武帝而止，也没有成段落似的。他所以断代述史，起于高祖，终于平帝时王莽之诛，共十二世，二百三十年，作纪、表、志、传凡百篇，称为《汉书》。[1]班固著《汉书》，虽然根据父亲的评论，修正了《史记》的缺失，但断代的主张，却是他的创见。他这样一面保存了文献，一面贯彻了发扬本朝功德的趣旨。所以后来的正史都以他的书为范本，名称也多叫作“书”。他这个创见，影响是极大的。他的书所包举的，比《史记》更为广大；天地、鬼神、人事、政治、道德、艺术、文章，尽在其中。

书里没有世家一体，本于班彪《后传》。汉代封建制度，实际上已不存在；无所谓侯国，也就无所谓世家。这一体的并入列传，也是自然之势。至于改“书”为“志”，只是避免与《汉书》的“书”字相重，无关得失。但增加了《艺文志》，叙述古代学术源流，记载皇家藏书目录，所关却就大了。《艺文志》的底本是刘歆的《七略》。刘向、刘歆父子都曾奉诏校读皇家藏书；他们开始分别源流，编订目录，[2]使那些“中秘书”渐得流传于世，功劳是很大的。他们的原著都已不存，但《艺文志》还保留着刘歆《七略》的大部分。这是后来目录学家的宝典。原来秦火之后，直到成帝时，书籍才渐渐出现；成帝诏求遗书于天下，这些书便多聚在皇家。刘氏父子所以能有那样大的贡献，班固所以想到在《汉书》里增立《艺文志》，都是时代使然。司马迁便没有这样好运气。

《史记》成于一人之手，《汉书》成于四人之手。表、志由曹大家和马续补成；纪、传从昭帝至平帝有班彪的《后传》作底本。而从高祖至武帝，更多用《史记》的文字。这样一看，班固自己作的似乎太少。因此有人说他的书是“剽窃”而成[3]，算不得著作。但那时的著作权的观念还不甚分明，不

---

① 《汉书·叙传》。
② 刘向著有《别录》。
③ 《通志·总序》。

以钞袭为嫌；而史书也不能凭虚别构。班固删润旧文，正是所谓“述而不作”。他删润的地方，却颇有别裁，决非率尔下笔。史书叙汉事，有阙略的，有隐晦的，经他润色，便变得详明；这是他的独到处。汉代“明主、贤君、忠臣、死义之士”，他实在表彰得更为到家。书中收载别人整篇的文章甚多，有人因此说他是“浮华”之士[①]。这些文章大抵关系政治学术，多是经世有用之作。那时还没有文集，史书加以搜罗，不失保存文献之旨。至于收录辞赋，却是当时的风气和他个人的嗜好；不过从现在看来，这些也正是文学史料，不能抹煞的。

班、马优劣论起于王充《论衡》。他说班氏父子“文义浃备，纪事详赡”，观者以为胜于《史记》。[②]王充论文，是主张“华实俱成”的。[③]汉代是个辞赋的时代，所谓“华”，便是辞赋化。《史记》当时还用散行文字；到了《汉书》，便弘丽精整，多用排偶，句子也长了。这正是辞赋的影响。自此以后，直到唐代，一般文士，大多偏爱《汉书》，专门传习，《史记》的传习者却甚少。这反映着那时期崇尚骈文的风气。唐以后，散文渐成正统，大家才提倡起《史记》来；明归有光及清桐城派更力加推尊，《史记》差不多要驾乎《汉书》之上了。这种优劣论起于二书散整不同，质文各异；其实是跟着时代的好尚而转变的。

晋代张辅，独不好《汉书》。他说：“世人论司马迁班固才的优劣，多以固为胜，但是司马迁叙三千年事，只五十万言，班固叙二百年事，却有八十万言。烦省相差如此之远，班固那里赶得上司马迁呢！”[④]刘知幾《史通》却以为“《史记》虽叙三千年事，详备的也只汉兴七十多年，前省后烦，未能折中；若教他作《汉书》，恐怕比班固还要烦些”。[⑤]刘知幾左袒班固，不无过甚其辞。

① 《通志·总序》。
② 《超奇篇》，这里据《史通·鉴识》原注引，和通行本文字略异。
③ 《超奇篇》。
④ 原文见《晋书·张辅传》。
⑤ 原文见《史通·杂说上》。

平心而论，《汉书》确比《史记》繁些。《史记》是通史，虽然意在尊汉，不妨详近略远，但叙汉事到底不能太详；司马迁是知道“折中”的。《汉书》断代为书，尽可充分利用史料，尽其颂述功德的职分；载事既多，文字自然繁了，这是一。《汉书》载别人文字也比《史记》多，这是二。《汉书》文字趋向骈体，句子比散体长，这是三。这都是“事有必至，理有固然”，不足为《汉书》病。范晔《后汉书·班固传赞》说班固叙事“不激诡，不抑抗，赡而不秽，详而有体，使读之者亹亹而不厌”，这是不错的。

宋代郑樵在《通志·总序》里抨击班固，几乎说得他不值一钱。刘知幾论通史不如断代，以为通史年月悠长，史料亡佚太多，所可采录的大都陈陈相因，难得新异。《史记》已不免此失；后世仿作，贪多务得，又加上繁杂的毛病，简直教人懒得去看。[①] 按他的说法，像《鲁春秋》等，怕也只能算是截取一个时代的一段儿，相当于《史记》的叙述汉事；不是无首无尾，就是有首无尾。这都不如断代史的首尾一贯好。像《汉书》那样，所记的只是班固的近代，史料丰富，搜求不难。只需破费工夫，总可一新耳目，“使读之者亹亹而不厌”的。[②] 郑樵的意见恰相反。他注重会通，以为历史是连贯的，要明白因革损益的轨迹，非会通不可。通史好在能见其全，能见其大。他称赞《史记》，说是“‘六经’之后，惟有此作”。他说班固断汉为书，古今间隔，因革不明，失了会通之道，真只算是片段罢了。[③] 其实通古和断代，各有短长，刘、郑都不免一偏之见。

《史》《汉》可以说是各自成家。《史记》“文直而事核”，《汉书》“文

---

① 《史通·六家》。
② 《史通·六家》。
③ 《通志·总序》。

赡而事详”。[①]司马迁感慨多，微情妙旨，时在文字蹊径之外；《汉书》却一览之余，情词俱尽。但是就史论史，班固也许比较客观些，比较合体些。明茅坤说“《汉书》以矩矱胜”，[②]清章学诚说“班氏守绳墨”，“班氏体方用智”[③]，都是这个意思。晋傅玄评班固，“论国体则饰主阙而折忠臣，叙世教则贵取容而贱直节”。[④]这些只关识见高低，不见性情偏正，和司马迁《游侠》《货殖》两传蕴含着无穷的身世之痛的不能相比，所以还无碍其为客观的。总之，《史》《汉》二书，文质和繁省虽然各不相同，而所采者博，所择者精，却是一样；组织的弘大，描写的曲达，也同工异曲。二书并称良史，决不是偶然的。

参考资料

郑鹤声《史汉研究》。

《司马迁年谱》。

《班固年谱》。

① 《后汉书·班固传赞》。
② 《汉书评林序》。
③ 《文史通义·诗教下》。
④ 《史通·书事》。

诸子第十

春秋末年，封建制度开始崩坏，贵族的统治权，渐渐维持不住。社会上的阶级，有了紊乱的现象。到了战国，更看见农奴解放，商人抬头。这时候一切政治的社会的经济的制度，都起了根本的变化。大家平等自由，形成了一个大解放的时代。在这个大变动当中，一些才智之士对于当前的情势，有种种的看法，有种种的主张；他们都想收拾那动乱的局面，让它稳定下来。有些倾向于守旧的，便起来拥护旧文化、旧制度；向当世的君主和一般人申述他们拥护的理由，给旧文化、旧制度找出理论上的根据。也有些人起来批评或反对旧文化、旧制度；又有些人要修正那些。还有人要建立新文化、新制度来代替旧的；还有人压根儿反对一切文化和制度。这些人也都根据他们自己的见解各说各的，都“持之有故，言之成理”。这便是诸子之学，大部分可以称为哲学。这是一个思想解放的时代，也是一个思想发达的时代，在中国学术史里是稀有的。

诸子都出于职业的“士”。“士”本是封建制度里贵族的末一级；但到了春秋、战国之际，“士”成了有才能的人的通称。在贵族政治未崩坏的时候，所有的知识、礼、乐等等，都在贵族手里，平民是没份的。那时有知识技能的专家，都由贵族专养专用，都是在官的。到了贵族政治崩坏以后，贵族有的失了势，穷了，养不起自用的专家。这些专家失了业，流落到民间。便卖他们的知识技能为生。凡有权有钱的都可以临时雇用他们；他们起初还是伺候贵族的时候多，不过不限于一家贵族罢了。这样发展了一些自由职业；靠这些自由职业为生的，渐渐形成了一个特殊阶级，便是“士农工商”的“士”。这些“士”，这些专家，后来居然开门授徒起来。徒弟多了，声势就大了，地位也高了。他们除掉执行自己的职业之外，不免根据他们专门的知识技能，研究起当时的文化和制度来了。这就有了种种看法和主张。各“思以其道易天下”。①诸子百家便是这样兴起的。

第一个开门授徒发扬光大那非农非工非商非官的“士”的阶级的，是孔子。孔子名丘，他家原是宋国的贵族，贫寒失势，才流落到鲁国去。他自己做了一个儒士；儒士是以教书和相礼为职业的，他却只是一个“老教书匠”。他的教书有一个特别的地方，就是“有教无类”。②他大招学生，不问身家，只要缴相当的学费就收；收来的学生，一律教他们读《诗》《书》等名贵的古籍，并教他们礼乐等功课。这些从前是只有贵族才能够享受的，孔子是第一个将学术民众化的人。他又带着学生，周游列国，说当世的君主；这也是从前没有的。他一个人开了讲学和游说的风气，是“士”阶级的老祖宗。他是旧文化、旧制度的辩护人，以这种姿态创始了所谓儒家。所谓旧文化、旧制度，主要的是西周的文化和制度，孔子相信是文王、周公创造的。继续文王、周公的事业，便是他给他自己的使命。他自己说，“述而不作，信而好古”；③所述的，所信所好的，都是周代的文化和制度。《诗》《书》《礼》《乐》等是周文化的代表，所以他拿来作学生的必修科目。这些原是共同的遗产，但后来各家都讲自己的新学说，不讲这些；讲这些的始终只有“述而不作”的儒家。

---

① 语见章学诚《文史通义·言公上》。
② 《论语·卫灵公》。
③ 《论语·述而》。

因此《诗》《书》《礼》《乐》等便成为儒家的专有品了。

孔子是个博学多能的人，他的讲学是多方面的。他讲学的目的在于养成“人”，养成为国家服务的人，并不在于养成某一家的学者。他教学生读各种书，学各种功课之外，更注重人格的修养。他说为人要有真性情，要有同情心，能够推己及人，这所谓“直”“仁”“忠”“恕”；一面还得合乎礼，就是遵守社会的规范。凡事只问该做不该做，不必问有用无用；只重义，不计利。这样人才配去干政治，为国家服务。孔子的政治学说，是“正名主义”。他想着当时制度的崩坏，阶级的紊乱，都是名不正的缘故。君没有君道，臣没有臣道，父没有父道，子没有子道，实和名不能符合起来，天下自然乱了。救时之道，便是“君君，臣臣，父父，子子”[①]；正名定分，社会的秩序，封建的阶级便会恢复的。他是给封建制度找了一个理论的根据。这个正名主义，又是从《春秋》和古史官的种种书法归纳得来的。他所谓“述而不作”，其实是以述为作，就是理论化旧文化、旧制度，要将那些维持下去。他对于中国文化的贡献，便在这里。

孔子以后，儒家还出了两位大师，孟子和荀子。孟子名轲，邹人；荀子名况，赵人。这两位大师代表儒家的两派。他们也都拥护周代的文化和制度，但更进一步的加以理论化和理想化。孟子说人性是善的。人都有恻隐心、羞恶心、辞让心、是非心；这便是仁义礼智等善端，只要能够加以扩充，便成善人。这些善端，又总称为“不忍人之心”。圣王本于“不忍人之心”，发为“不忍人之政”，[②]便是“仁政”“王政”。一切政治的经济的制度都是为民设的，君也是为民设的——这却已经不是封建制度的精神了。和王政相对的是霸政。霸主的种种制作设施，有时也似乎为民，其实不过是达到好名好利好尊荣的

① 《论语·颜渊》。
② 《孟子·公孙丑》。

手段罢了。荀子说人性是恶的。性是生之本然，里面不但没有善端，还有争夺放纵等恶端。但是人有相当聪明才力，可以渐渐改善学好；积久了，习惯自然，再加上专一的功夫，可以到圣人的地步。所以善是人为的。孟子反对功利，他却注重它。他论王霸的分别，也从功利着眼。孟子注重圣王的道德，他却注重圣王的威权。他说生民之初，纵欲相争，乱得一团糟；圣王建立社会国家，是为明分息争的。礼是社会的秩序和规范，作用便在明分；乐是调和情感的，作用便在息争。他这样从功利主义出发，给一切文化和制度找到了理论的根据。

儒士多半是上层社会的失业流民；儒家所拥护的制度，所讲所行的道德也是上层社会所讲所行的。还有原业农工的下层失业流民，却多半成为武士。武士是以帮人打仗为职业的专家。墨翟便出于武士。墨家的创始者墨翟，鲁国人，后来做到宋国的大夫，但出身大概是很微贱的。“墨”原是做苦工的犯人的意思，大概是个诨名；“翟”是名字。墨家本是贱者，也就不辞用那个诨名自称他们的学派。墨家是有团体组织的，他们的首领叫作“巨子”；墨子大约就是第一任“巨子”。他们不但是打仗的专家，并且是制造战争器械的专家。

但墨家和别的武士不同，他们是有主义的。他们虽以帮人打仗为生，却反对侵略的打仗；他们只帮被侵略的弱小国家做防卫的工作。《墨子》里只讲守的器械和方法，攻的方面，特意不讲。这是他们的“非攻”主义。他们说天下大害，在于人的互争；天下人都该视人如己，互相帮助，不但利他，而且利己。这是“兼爱”主义。墨家注重功利，凡与国家人民有利的事物，才认为有价值。国家人民，利在富庶；凡能使人民富庶的事物是有用的，别的都是无益或有害。他们是平民的代言人，所以反对贵族的周代的文化和制度。他们主张“节葬”“短丧”“节用”“非乐”，都和儒家相反。他们说他们是以节俭勤苦的夏禹为法的。他们又相信有上帝和鬼神，能够赏善罚恶；这也是下层社会的旧信仰。儒家和墨家其实都是守旧的；不过一个守原来上层社会的旧，一个守原来下层社会的旧罢了。

压根儿反对一切文化和制度的是道家。道家出于隐士。孔子一生曾遇到好些“避世”之士；他们着实讥评孔子。这些人都是有知识学问的。他们看见时世太乱，难以挽救，便消极起来，对于世事，取一种不闻不问的态度。他们讥评孔子“知其不可而为之”①，费力不讨好；他们自己便是知其不可而不为的，独善其身的聪明人。后来有个杨朱，也是这一流人，他却将这种态度理论化了，建立“为我”的学说。他主张“全生保真，不以物累形”②；将天下给他，换他小腿上一根汗毛，他是不干的。天下虽大，是外物；一根毛虽小，却是自己的一部分。所谓“真”，便是自然。杨朱所说的只是教人因生命的自然，不加伤害；“避世”便是“全生保真”的路。不过世事变化无穷，避世未必就能避害，杨朱的教义到这里却穷了。老子、庄子的学说似乎便是从这里出发，加以扩充的。杨朱实在是道家的先锋。

老子相传姓李名耳，楚国隐士。楚人是南方新兴的民族，受周文化的影响很少；他们往往有极新的思想。孔子遇到那些隐士，也都在楚国；这似乎不是偶然的。庄子名周，宋国人，他的思想却接近楚人。老学以为宇宙间事物的变化，都遵循一定的公律，在天然界如此，在人事界也如此。这叫作“常”。顺应这些公律，便不须避害，自然能避害。所以说，“知常曰明”。③事物变化的最大公律是物极则反。处世接物，最好先从反面下手。“将欲翕之，必固张之；将欲弱之，必固强之；将欲废之，必固兴之；将欲夺之，必固与

① 《论语·宪问》。
② 《淮南子·泛论训》。
③ 《老子》十六章。

之。”[①]“大直若屈，大巧若拙，大辩若讷。”[②]这样以退为进，便不至于有什么冲突了。因为物极则反，所以社会上政治上种种制度，推行起来，结果往往和原来目的相反。“法令滋彰，盗贼多有。”[③]治天下本求有所作为，但这是费力不讨好的，不如排除一切制度，顺应自然，无为而为，不治而治。那就无不为，无不治了。自然就是“道”，就是天地万物所以生的总原理。物得道而生，是道的具体表现。一物所以生的原理叫作“德”，“德”是“得”的意思。所以宇宙万物都是自然的。这是老学的根本思想；也是庄学的根本思想。但庄学比老学更进一步。他们主张绝对的自由，绝对的平等。天地万物，无时不在变化之中，不齐是自然的。一切但须顺其自然，所有的分别，所有的标准，都是不必要的。社会上政治上的制度，硬教不齐的齐起来，只徒然伤害人性罢了。所以圣人是要不得的；儒墨是“不知耻”的。[④]按庄学说，凡天下之物都无不好，凡天下的意见，都无不对；无所谓物我，无所谓是非。甚至死和生也都是自然的变化，都是可喜的。明白这些个，便能与自然打成一片，成为“无入而不自得”的至人了。老庄两派，汉代总称为道家。

庄学排除是非，是当时“辩者”的影响。“辩者”汉代称为名家，出于讼师。辩者的一个首领郑国邓析，便是春秋末年著名的讼师。另一个首领梁相惠施，也是法律行家。邓析的本事在对于法令能够咬文嚼字的取巧，“以是为非，以非为是。”[⑤]语言文字往往是多义的；他能够分析语言文字的意义，利用来做种种不同甚至相反的解释。这样发展了辩者的学说。当时的辩者有惠施和公孙龙两派。惠施派说，世间各个体的物，各有许多性质；但这些性质，都

---

① 《老子》三十六章。
② 《老子》四十五章。
③ 《老子》五十七章。
④ 《庄子·在宥》《天运》。
⑤ 《吕氏春秋·审应览·离谓篇》。

因比较而显，所以不是绝对的。各物都有相同之处，也都有相异之处。从同的一方面看，可以说万物无不相同；从异的一方面看，可以说万物无不相异。同异都是相对的：这叫作“合同异”。[①]

公孙龙，赵人。他这一派不重个体而重根本，他说概念有独立分离的存在。譬如一块坚而白的石头，看的时候只见白，没有坚；摸的时候只觉坚，不见白。所以白性与坚性两者是分离的。况且天下白的东西很多，坚的东西也很多，有白而不坚的，也有坚而不白的。也可见白性与坚性是分离的，白性使物白，坚性使物坚；这些虽然必须因具体的物而见，但实在有着独立的存在，不过是潜存罢了。这叫作“离坚白”。[②]这种讨论与一般人感觉和常识相反，所以当时以为“怪说”“琦辞”，“辩而无用”。[③]但这种纯理论的兴趣，在哲学上是有它的价值的。至于辩者对于社会政治的主张，却近于墨家。

儒、墨、道各家有一个共通的态度，就是托古立言；他们都假托古圣贤之言以自重。孔子托于文王、周公，墨子托于禹，孟子托于尧舜，老、庄托于传说中尧、舜以前的人物；一个比一个古，一个压一个。不托古而变古的只有法家。法家出于“法术之士”[④]，法术之士是以政治为职业的专家。贵族政治崩坏的结果，一方面是平民的解放，一方面是君主的集权。这时候国家的范围，一天一天扩大，社会的组织也一天一天复杂。人治、礼治，都不适用了。法术之士便创一种新的政治方法帮助当时的君主整理国政，做他们的参谋。这就是法治。当时现实政治和各方面的趋势是变古——尊君权、禁私学、重富豪。法术之士便拥护这种趋势，加以理论化。

---

① 语见《庄子·秋水》。
② 《荀子·非十二子篇》。
③ 语见《韩非子·孤愤》。
④ 《韩非子·定法》。

他们中间有重势、重术、重法三派，而韩非子集其大成。他本是韩国的贵族，学于荀子。他采取荀学、老学和辩者的理论，创立他的一家言；他说势、术、法三者都是“帝王之具”[①]，缺一不可。势的表现是赏罚：赏罚严，才可以推行法和术。因为人性究竟是恶的。术是君主驾驭臣下的技巧。综核名实是一个例。譬如教人做某官，按那官的名位，该能做出某些成绩来；君主就可以照着去考核，看他名实能相副否。又如臣下有所建议，君主便叫他去做，看他能照所说的做到否。名实相副的赏；否则罚。法是规矩准绳，明主制下了法，庸主只要守着，也就可以治了。君主能够兼用法、术、势，就可以一驭万，以静制动，无为而治。诸子都讲政治，但都是非职业的，多偏于理想。只有法家的学说，从实际政治出来，切于实用。中国后来的政治，大部分是受法家的学说支配的。

古代贵族养着礼乐专家，也养着巫祝、术数专家。礼乐原来的最大的用处在丧、祭。丧、祭用礼乐专家，也用巫祝；这两种人是常在一处的同事。巫祝固然是迷信的；礼乐里原先也是有迷信成分的。礼乐专家后来沦为儒士；巫祝术数专家便沦为方士。他们关系极密切，所注意的事有些是相同的。汉代所称的阴阳家便出于方士。古代术数注意于所谓“天人之际”，以为天道人事互相影响。战国末年有些人更将这种思想推行起来，并加以理论化，使它成为一贯的学说。这就是阴阳家。

当时阴阳家的首领是齐人驺衍。他研究“阴阳消息”[②]，创为“五德终始”说[③]。“五德”就是五行之德。五行是古代的信仰。驺衍以为五行是五种天然势力，所谓“德”。每一德，各有盛衰的循环。在它当运的时候，天道人事，

① 《韩非子·定法》。
② 《史记·孟子荀卿列传》。
③ 《吕氏春秋·有始览·名类篇》及《文选》左思《魏都赋》李善注引《七略》。

都受它支配。等到它运尽而衰，为别一德所胜所克，别一德就继起当运。木胜土，金胜木，火胜金，水胜火，土胜水，这样“终始”不息。历史上的事变都是这些天然势力的表现。每一朝代，代表一德；朝代是常变的，不是一家一姓可以永保的。阴阳家也讲仁义名分，却是受儒家的影响。那时候儒家也在开始受他们的影响，讲《周易》，作《易传》。到了秦汉间，儒家更几乎与他们混合为一；西汉今文家的经学大部便建立在阴阳家的基础上。后来“古文经学”虽然扫除了一些“非常”“可怪”之论[①]，但阴阳家的思想已深入人心，牢不可拔了。

战国末期，一般人渐渐感着统一思想的需要，秦相吕不韦便是作这种尝试的第一个人。他教许多门客合撰了一部《吕氏春秋》。现在所传的诸子书，大概都是汉人整理编定的；他们大概是将同一学派的各篇编辑起来，题为某子。所以都不是有系统的著作。《吕氏春秋》却不然；它是第一部完整的书。吕不韦所以编这部书，就是想化零为整，集合众长，统一思想。他的基调却是道家。秦始皇统一天下，李斯为相，实行统一思想。他烧书，禁天下藏“《诗》《书》百家语”。[②]但时机到底还未成熟，而秦不久也就亡了，李斯是失败了。所以汉初诸子学依然很盛。

到了汉武帝的时候，淮南王刘安仿效吕不韦的故智，教门客编了一部《淮南子》，也以道家为基调，也想来统一思想。但成功的不是他，是董仲舒。董仲舒向武帝建议：“《六经》和孔子的学说以外，各家一概禁止。邪说息了，秩序才可统一，标准才可分明，人民才知道他们应走的路。”[③]武帝采纳了他的话。从此，帝王用功名利禄提倡他们所定的儒学，儒学统于一尊；春秋战

① 何休《春秋公羊经传解诂序》说《春秋》中“多非常异议可怪之论”。
② 《史记·秦始皇本纪》。
③ 原文见《汉书·董仲舒传》。

国时代言论思想极端自由的空气便消灭了。这时候政治上既开了从来未有的大局面，社会和经济各方面的变动也渐渐凝成了新秩序，思想渐归于统一，也是自然的趋势。在这新秩序里，农民还占着大多数，宗法社会还保留着，旧时的礼教与制度一部分还可适用，不过民众化了罢了。另一方面，要创立政治上社会上各种新制度，也得参考旧的。这里便非用儒者不可了。儒者通晓以前的典籍，熟悉以前的制度，而又能够加以理想化、理论化，使那些东西秩然有序，粲然可观。别家虽也有政治社会学说，却无具体的办法，就是有，也不完备，赶不上儒家；在这建设时代，自然不能和儒学争胜。儒学的独尊，也是当然的。

参考资料

冯友兰《中国哲学史》第一篇。

辞赋第十一

屈原是我国历史里永被纪念着的一个人。旧历五月五日端午节，相传便是他的忌日；他是投水死的，竞渡据说原来是表示救他的，粽子原来是祭他的。现在定五月五日为诗人节，也是为了纪念的缘故。他是个忠臣，而且是个缠绵悱恻的忠臣；他是个节士，而且是个浮游尘外、清白不污的节士。“举世皆浊而我独清，众人皆醉而我独醒”[①]，他的身世是一出悲剧。可是他永生在我们的敬意尤其是我们的同情里。“原”是他的号，“平”是他的名字。他是楚国的贵族，怀王时候，做“左徒”的官。左徒好像现在的秘书。他很有学问，熟悉历史和政治，口才又好。一方面参赞国事，一方面给怀王见客，办外交，头头是道。怀王很信任他。

当时楚国有亲秦亲齐两派；屈原是亲齐派。秦国看见屈原得势，便派张仪买通了楚国的贵臣上官大夫、靳尚等，在怀王面前说他的坏话。怀王果然被他们所惑，将屈原放逐到汉北去。张仪便劝怀王和齐国绝交，说秦国答应割地六百里。楚和齐绝了交，张仪却说答应的是六里。怀王大怒，便举兵伐秦，不料大败而归。这时候想起屈原来了，将他召回，教他出使齐国。亲齐派暂时抬头。但是亲秦派不久又得势。怀王终于让秦国骗了去，拘留着，就死在

① 《楚辞·渔父》。

那里。这件事是楚人最痛心的，屈原更不用说了。可是怀王的儿子顷襄王，却还是听亲秦派的话，将他二次放逐到江南去。他流浪了九年，秦国的侵略一天紧似一天；他不忍亲见亡国的惨象，又想以一死来感悟顷襄王，便自沉在汨罗江里。

《楚辞》中《离骚》和《九章》的各篇，都是他放逐时候所作。《离骚》尤其是千古流传的杰构。这一篇大概是二次被放时作的。他感念怀王的信任，却恨他糊涂，让一群小人蒙蔽着，播弄着。而顷襄王又不能觉悟；以致国土日削，国势日危。他自己呢，“信而见疑，忠而被谤”[1]，简直走投无路；满腔委屈，千端万绪的，没人可以诉说。终于只能告诉自己的一支笔，《离骚》便是这样写成的。“离骚”是“别愁”或“遭忧”的意思。[2]他是个富于感情的人，那一腔遏抑不住的悲愤，随着他的笔奔迸出来，“东一句，西一句，天上一句，地下一句”[3]，只是一片一段的，没有篇章可言。这和人在疲倦或苦痛的时候，叫“妈呀！”“天哪！”一样；心里乱极了，闷极了，叫叫透一口气，自然是顾不到什么组织的。

篇中陈说唐、虞、三代的治，桀、纣、羿、浇的乱，善恶因果，历历分明；用来讽刺当世，感悟君王。他又用了许多神话里的譬喻和动植物的譬喻，委曲地表达出他对于怀王的忠爱，对于贤人君子的向往，对于群小的深恶痛疾。他将怀王比作美人，他是“求之不得”，“辗转反侧”；情辞凄切，缠绵不已。他又将贤臣比作香草。“美人香草”从此便成为政治的譬喻，影响后来解诗作诗的人很大。汉淮南王刘安作《离骚传》说：“‘国风’好色而不淫，‘小

① 《史记·屈原传》。
② 王逸《离骚经序》，班固《离骚赞序》。
③ 刘熙载《艺概》中《赋概》。

雅’怨诽而不乱，若《离骚》者可谓兼之矣。”[①]“好色而不淫”似乎就指美人香草用作政治的譬喻而言；“怨诽而不乱”是怨而不怒的意思。虽然我们相信“国风”的男女之辞并非政治的譬喻，但断章取义，淮南王的话却是《离骚》的确切评语。

《九章》的各篇原是分立的，大约汉人才合在一起，给了“九章”的名字。这里面有些是屈原初次被放时作的，有些是二次被放时作的。差不多都是“上以讽谏，下以自慰”[②]；引史事，用譬喻，也和《离骚》一样。《离骚》里记着屈原的世系和生辰，这几篇里也记着他放逐的时期和地域；这些都可以算是他的自叙传。他还作了《九歌》《天问》《远游》《招魂》等，却不能算自叙传，也“不皆是怨君”[③]；后世都说成怨君，便埋没了他的别一面的出世观了。他其实也是一“子”，也是一家之学。这可以说是神仙家，出于巫。《离骚》里说到周游上下四方，驾车的动物，驱使的役夫，都是神话里的。《远游》更全是说的周游上下四方的乐处。这种游仙的境界，便是神仙家的理想。

《远游》开篇说，“悲时俗之迫厄兮，愿轻举而远游”，篇中又说，“临不死之旧乡”。人间世太狭窄了，也太短促了，人是太不自由自在了。神仙家要无穷大的空间，所以要周行无碍；要无穷久的时间，所以要长生不老。他们要打破现实的有限的世界，用幻想创出一个无限的世界来。在这无限的世界里，所有的都是神话里的人物；有些是美丽的，也有些是丑怪的。《九歌》里的神大都可爱；《招魂》里一半是上下四方的怪物，说得顶怕人的，可是一方面也奇诡可喜。因为注意空间的扩大，所以对于天地山川日月星辰，在在都有兴味。《天问》里许多关于天文地理的疑问，便是这样来的。一面惊

---

① 《史记·屈原传》。
② 王逸《楚辞章句序》。
③ 《朱子语类》一四〇。

奇天地之广大，一面也惊奇人事之诡异——善恶因果，往往有不相应的；《天问》里许多关于历史的疑问，便从这里着眼。这却又是他的入世观了。

要达到游仙的境界，须要“虚静以恬愉”，“无为而自得”，还须导引养生的修炼功夫，这在《远游》里都说了。屈原受庄学的影响极大。这些都是庄学；周行无碍，长生不老，以及神话里的人物，也都是庄学。但庄学只到“我”与自然打成一片而止，并不想创造一个无限的世界；神仙家似乎比庄学更进了一步。神仙家也受阴阳家的影响；阴阳家原也讲天地广大，讲禽兽异物的。阴阳家是齐学。齐国滨海，多有怪诞的思想。屈原常常出使到那里，所以也沾了齐气。还有齐人好“隐”。“隐”是“遁词以隐意，谲譬以指事”[1]，是用一种滑稽的态度来讽谏。淳于髡可为代表。楚人也好“隐”。屈原是楚人，而他的思想又受齐国的影响，他爱用种种政治的譬喻，大约也不免沾点齐气。但是他不取滑稽的态度，他是用一副悲剧面孔说话的。《诗大序》所谓“谲谏”，所谓“言之者无罪，闻之者足以戒”，倒是合适的说明。至于像《招魂》里的铺张排比，也许是纵横家的风气。

《离骚》各篇多用“兮”字足句，句逗以参差不齐为主。“兮”字足句，三百篇中已经不少；句逗参差，也许是“南音”的发展。“南”本是南乐的名称；三百篇中的二南，本该与风、雅、颂分立为四。二南是楚诗，乐调虽已不能知道，但和风、雅、颂必有异处。从二南到《离骚》，现在只能看出句逗由短而长、由齐而畸的一个趋势；这中间变迁的轨迹，我们还能找到一些，总之，决不是突如其来的。这句逗的发展，大概多少有音乐的影响。从《汉书·王褒传》，可以知道楚辞的诵读是有特别的调子的[2]，这正是音乐的影响。屈原诸作奠定了这种体制，模拟的日渐其多。就中最出色的是宋玉，他作了《九辩》。宋

---

① 《文心雕龙·谐隐篇》。
② 《汉书·王褒传》：“宣帝时征能为《楚辞》。九江被公召见诵读。”

玉传说是屈原的弟子；《九辩》的题材和体制都模拟《离骚》和《九章》，算是代屈原说话，不过没有屈原那样激切罢了。宋玉自己可也加上一些新思想；他是第一个描写“悲秋”的人。还有个景差，据说是《大招》的作者；《大招》是模拟《招魂》的。

到了汉代，模拟《离骚》的更多，东方朔、王褒、刘向、王逸都走着宋玉的路。大概武帝时候最盛，以后就渐渐地差了。汉人称这种体制为“辞”，又称为“楚辞”。刘向将这些东西编辑起来，成为《楚辞》一书。东汉王逸给作注，并加进自己的拟作，叫作《楚辞章句》。北宋洪兴祖又作《楚辞补注》；《章句》和《补注》合为《楚辞》标准的注本。但汉人又称《离骚》等为“赋”。《史记·屈原传》说他“作《怀沙》之赋”；《怀沙》是《九章》之一，本无“赋”名。《传》尾又说，“宋玉、唐勒、景差之徒，皆好辞而以赋见称。”《汉书·艺文志》《诗赋略》列“屈原赋二十五篇”，就是《离骚》等。大概“辞”是后来的名字，专指屈、宋一类作品；赋虽从辞出，却是先起的名字，在未采用“辞”的名字以前，本包括“辞”而言。所以浑言称“赋”，称“辞赋”，分言称“辞”和“赋”。后世引述屈、宋诸家，只通称“楚辞”，没有单称“辞”的。但却有称“骚”“骚体”“骚赋”的，这自然是《离骚》的影响。

荀子的《赋篇》最早称“赋”。篇中分咏“礼”“知”“云”“蚕”“箴（针）”五件事物，像是谜语；其中颇有讽世的话，可以说是“隐”的支流余裔。荀子久居齐国的稷下，又在楚国做过县令，死在那里。他的好“隐”，也是自然的。《赋篇》总题分咏，自然和后来的赋不同，但是安排客主，问答成篇，却开了后来赋家的风气。荀赋和屈辞原来似乎各是各的；这两体的合一，也许是在贾谊手里。贾谊是荀卿的再传弟子，他的境遇却近于屈原，又久居屈原的故乡；很可能的，他模拟屈原的体制，却袭用了荀卿的“赋”的名字。这种赋日渐发展，屈原诸作也便被称为“赋”；“辞”的名字许是后来因为拟作多了，才分化出来，作为此体的专称的。辞本是“辩解的言语”的意思，用来称屈、宋诸家所作，倒也并无不合之处。

《汉书·艺文志·诗赋略》分赋为四类。“杂赋”十二家是总集，可以不论。屈原以下二十家，是言情之作。陆贾以下二十一家，已佚，大概近于纵横家言。就中“陆贾赋三篇”，在贾谊之先；但作品既不可见，是他自题为赋，还是后人追题，不能知道，只好存疑了。荀卿以下二十五家，大概是叙物明理之作。这三类里，贾谊以后各家，多少免不了屈原的影响，但已渐有散文化的趋势；第一类中的司马相如便是创始的人。——托为屈原作的《卜居》《渔父》，通篇散文化，只有几处用韵，似乎是《庄子》和荀赋的混合体制，又当别论。——散文化更容易铺张些。“赋”本是“铺”的意思，铺张倒是本来面目。可是铺张的作用原在讽谏；这时候却为铺张而铺张。所谓“劝百而讽一”[①]。当时汉武帝好辞赋，作者极众，争相竞胜，所以致此。扬雄说，“诗人之赋丽以则，辞人之赋丽以淫”[②]；“诗人之赋”便是前者，“辞人之赋”便是后者。甚至有诙谐嫚戏，毫无主旨的。难怪辞赋家会被人鄙视为倡优了。

东汉以来，班固作《两都赋》，“概众人之所眩曜，折以今之法度”[③]；张衡仿他作《二京赋》。晋左思又仿作《三都赋》。这种赋铺叙历史地理，近于后世的类书；是陆贾、荀卿两派的混合，是散文的更进一步。这和屈、贾言情之作却迥不相同了。此后赋体渐渐缩短，字句却整炼起来。那时期一般诗文都趋向排偶化，赋先是领着走，后来是跟着走；作赋专重写景述情，务求精巧，不再用来讽谏。这种赋发展到齐、梁、唐初为极盛，称为“俳体”

① 《汉书·司马相如传赞》引扬雄语。
② 《法言·吾子篇》。
③ 《两都赋序》。

的赋。[①]“俳”是游戏的意思，对讽谏而言；其实这种作品倒也并非滑稽嫚戏之作。唐代古文运动起来，宋代加以发挥光大，诗文不再重排偶而趋向散文化，赋体也变了。像欧阳修的《秋声赋》，苏轼的前后《赤壁赋》，虽然有韵而全篇散行，排偶极少，比《卜居》《渔父》更其散文的。这称为“文体”的赋。[②]唐宋两代，以诗赋取士，规定程序。那种赋定为八韵，调平仄，讲对仗；制题新巧，限韵险难。这只是一种技艺罢了。这称为“律赋”。对“律赋”而言，“俳体”和“文体”的赋都是“古赋”；这“古赋”的名字和“古文”的名字差不多，真正“古”的如屈宋的辞，汉人的赋，倒是不包括在内的。赋似乎是我国特有的体制；虽然有韵，而就它全部的发展看，却与文近些，不算是诗。

参考资料

游国恩《读骚》《论微初集》。

① “俳体”的名称，见元祝尧《古赋辨体》。
② “文体”的名称，见元祝尧《古赋辨体》。

诗第十二

汉武帝立乐府，采集代、赵、秦、楚的歌谣和乐谱；教李延年作协律都尉，负责整理那些歌辞和谱子，以备传习唱奏。当时乐府里养着各地的乐工好几百人，大约便是演奏这些乐歌的。歌谣采来以后，他们先审查一下。没有谱子的，便给制谱；有谱子的，也得看看合适不合适，不合适的地方，便给改动一些。这就是“协律”的工作。歌谣的“本辞”合乐时，有的保存原来的样子，有的删节，有的加进些复沓的甚至不相干的章句。“协律”以乐为主，只要合调；歌辞通不通，他们是不大在乎的。他们有时还在歌辞里夹进些泛声；“辞”写大字，“声”写小字。但流传久了，声辞混杂起来，后世便不容易看懂了。这种种乐歌，后来称为“乐府诗”，简称就叫“乐府”。北宋太原郭茂倩收集汉乐府以下历代合乐的和不合乐的歌谣，以及模拟之作，成为一书，题作《乐府诗集》；他所谓“乐府诗”，范围是很广的。就中汉乐府，沈约《宋书·乐志》特称为“古辞”。

汉乐府的声调和当时称为“雅乐”的三百篇不同，所采取的是新调子。这种新调子有两种：“楚声”和“新声”。屈原的辞可为楚声的代表。汉高祖是楚人，喜欢楚声；楚声比雅乐好听。一般人不用说也是喜欢楚声的。楚声便成了风气。武帝时乐府所采的歌谣，楚以外虽然还有代、赵、秦各地的，但声调也许差不很多。那时却又输入了新声；新声出于西域或北狄的军歌。

李延年多多采取这种调子唱奏歌谣，从此大行，楚声便让压下去了。楚声的句调比较雅乐参差得多，新声的更比楚声参差得多。可是楚声里也有整齐的五言，楚调曲里各篇更全然如此，像著名的《白头吟》《梁甫吟》《怨歌行》都是的。[①]这就是五言诗的源头。

汉乐府以叙事为主。所叙的社会故事和风俗最多，历史及游仙的故事也占一部分。此外便是男女相思和离别之作，格言式的教训，人生的慨叹等等。这些都是一般人所喜欢的题材。用一般人所喜欢的调子，歌咏一般人所喜欢的题材，自然可以风靡一世。哀帝即位，却以为这些都是不正经的乐歌；他废了乐府，裁了多一半乐工——共四百四十一人——大概都是唱奏各地乐歌的。当时颇想恢复雅乐，但没人懂得，只好罢了。不过一般人还是爱好那些乐歌。这风气直到汉末不变。东汉时候，这些乐歌已经普遍化，文人仿作的渐多；就中也有仿作整齐的五言的，像班固《咏史》。但这种五言的拟作极少；而班固那一首也未成熟，钟嵘在《诗品序》里评为“质木无文”，是不错的。直到汉末，一般文体都走向整炼一路，试验这五言体的便多起来；而最高的成就是《文选》所录的《古诗十九首》。

旧传最早的五言诗，是《古诗十九首》和苏武、李陵诗；说“十九首”里有七首是枚乘作的，和苏李诗都出现于汉武帝时代。但据近来的研究，这十九首古诗实在都是汉末的作品；苏李诗虽题了苏李的名字，却不合于他们的事迹，从风格上看，大约也和“十九首”出现在差不多的时候。这十九首古诗并非一人之作，也非一时之作，但都模拟言情的乐府。歌咏的多是相思离别，以及人生无常当及时行乐的意思；也有对于邪臣当道、贤人放逐、朋友富贵相忘、知音难得等事的慨叹。这些都算是普遍的题材；但后一类是所

① 以上参用朱希祖《汉三大乐府调辨》（《清华学报》四卷二期）说。

谓“失志”之作，自然兼受了《楚辞》的影响。钟嵘评古诗，“可谓几乎一字千金”；因为所咏的几乎是人人心中所要说的，却不是人人口中笔下所能说的，而又能够那样平平说出，曲曲说出，所以是好。“十九首”只像对朋友说家常话，并不在字面上用功夫，而自然达意，委婉尽情，合于所谓“温柔敦厚”的诗教。[①] 到唐为止，这是五言诗的标准。

汉献帝建安年间（西元一九六至二一九），文学极盛，曹操和他的儿子曹丕、曹植两兄弟是文坛的主持人；而曹植更是个大诗家。这时乐府声调已多失传，他们却用乐府旧题，改作新词；曹丕、曹植兄弟尤其努力在五言体上。他们一班人也作独立的五言诗。叙游宴，述恩荣，开后来应酬一派。但只求明白诚恳，还是歌谣本色。就中曹植在曹丕做了皇帝之后，颇受猜忌，忧患的情感，时时流露在他的作品里。诗中有了“我”，所以独成大家。这时候五言作者既多，开始有了工拙的评论；曹丕说刘桢“五言诗之善者，妙绝时人”[②]，便是例子。但真正奠定了五言诗的基础的是魏代的阮籍，他是第一个用全力作五言诗的人。

阮籍是老庄和屈原的信徒。他生在魏晋交替的时代，眼见司马氏三代专权，欺负曹家，压迫名士，一肚皮牢骚只得发泄在酒和诗里。他作了《咏怀诗》八十多首，述神话，引史事，叙艳情，托于鸟兽草木之名，主旨不外说富贵不能常保，祸患随时可至，年岁有限，一般人钻在利禄的圈子里，不知放怀远大，真是可怜之极。他的诗充满了这种悲悯的情感，“忧思独伤心”[③]一句可以表见。这里《楚辞》的影响很大；钟嵘说他“源出于《小雅》”，似乎是皮相之谈。本来五言诗自始就脱不了《楚辞》的影响，不过他尤其如此。

---

① “诗教”见《礼记·经解》。
② 《与吴质书》。
③ 《咏怀》第一首。

他还没有用心琢句；但语既浑括，譬喻又多，旨趣更往往难详。这许是当时的不得已，却因此增加了五言诗文人化的程度。他是这样扩大了诗的范围，正式成立了抒情的五言诗。

晋代诗渐渐排偶化、典故化。就中左思的《咏史诗》，郭璞的《游仙诗》，也取法《楚辞》，借古人及神仙抒写自己的怀抱，为后世所宗。郭璞是东晋初的人。跟着就流行了一派玄言诗。孙绰、许询是领袖。他们作诗，只是融化老庄的文句，抽象说理，所以钟嵘说像“道德论”。[①]这种诗千篇一律，没有“我”；《兰亭集诗》各人所作四言五言各一首，都是一个味儿，正是好例。但在这种影响下，却孕育了陶渊明和谢灵运两个大诗人。陶渊明，浔阳柴桑人，做了几回小官，觉得做官不自由，终于回到田园，躬耕自活。他也是老、庄的信徒，从躬耕里领略到自然的恬美和人生的道理。他是第一个人将田园生活描写在诗里。他的躬耕免祸的哲学也许不是新的，可都是他从真实生活里体验得来的，与口头的玄理不同，所以亲切有味。诗也不妨说理，但须有理趣，他的诗能够做到这一步。他作诗也只求明白诚恳，不排不典；他的诗是散文化的。这违反了当时的趋势，所以《诗品》只将他放在中品里。但他后来确成了千古“隐逸诗人之宗”[②]。

谢灵运，宋时做到临川太守。他是有政治野心的，可是不得志。他不但是老、庄的信徒，也是佛的信徒。他最爱游山玩水，常常领了一群人到处探奇访胜；他的自然的哲学和出世的哲学教他沉溺在山水的清幽里。他是第一个在诗里用全力刻画山水的人；他也可以说是第一个用全力雕琢字句的人。他用排偶，用典故，却能创造新鲜的句子；不过描写有时不免太繁重罢了。他在赏玩山水的时候，也常悟到一些隐遁的超旷的人生哲理；但写到诗里，

① 《诗品序》。
② 《诗品》论陶语。

不能和那精巧的描写打成一片，像硬装进去似的。这便不如陶渊明的理趣足，但比那些“道德论”自然高妙得多。陶诗教给人怎样赏味田园，谢诗教给人怎样赏味山水；他们都是发现自然的诗人。陶是写意，谢是工笔。谢诗从制题到造句，无一不是工笔。他开了后世诗人着意描写的路子；他所以成为大家，一半也在这里。

齐武帝永明年间（西元四八三至四九三），“声律说”大盛。四声的分别，平仄的性质，双声叠韵的作用，都有人指出，让诗文作家注意。从前只着重句末的韵，这时更着重句中的“和”；“和”就是念起来顺口，听起来顺耳。从此诗文都力求谐调，远于语言的自然。这时的诗，一面讲究用典，一面讲究声律，不免有侧重技巧的毛病。到了梁简文帝，又加新变，专咏艳情，称为“宫体”，诗的境界更狭窄了。这种形式与题材的新变，一直影响到唐初的诗。这时候七言的乐歌渐渐发展。汉魏文士仿作乐府，已经有七言的，但只零星偶见，后来舞曲里常有七言之作。到了宋代，鲍照有《行路难》十八首，人生的感慨颇多，和舞曲描写声容的不一样，影响唐代的李白、杜甫很大。但是梁以来七言的发展，却还跟着舞曲的路子，不跟着鲍照的路子。这些都是宫体的谐调。

唐代谐调发展，成立了律诗绝句，称为近体；不是谐调的诗，称为古体；又成立了古近体的七言诗。古体的五言诗也变了格调。这些都是划时代的。初唐时候，大体上还继续着南朝的风气，辗转在艳情的圈子里。但是就在这时候，沈佺期、宋之问奠定了律诗的体制。南朝论声律，只就一联两句说；沈宋却能看出谐调有四种句式。两联四句才是谐调的单位，可以称为周期。这单位后来写成“仄仄平平仄　平平仄仄平　平平平仄仄　仄仄仄平平”的谱。沈宋在一首诗里用两个周期，就是重叠一次；这样，声调便谐和富厚，又不致单调。这就是八句的律诗。律有“声律”“法律”两义。律诗体制短小，组织必须经济，才能发挥它的效力；“法律”便是这个意思。但沈宋的成就只在声律上，“法律”上的进展，还等待后来的作家。

宫体诗渐渐有人觉得腻味了；陈子昂、李白等说这种诗颓靡浅薄，没有价值。他们不但否定了当时古体诗的题材，也否定了那些诗的形式。他们的五言古体，模拟阮籍的《咏怀》，但是失败了。一般作家却只大量的仿作七言的乐府歌行，带着多少的排偶与谐调。——当时往往就这种歌行里截取谐调的四句入乐奏唱。——可是李白更撇开了排偶和谐调，作他的七言乐府。李白，蜀人，明皇时作供奉翰林；触犯了杨贵妃，不能得志。他是个放浪不羁的人，便辞了职，游山水，喝酒，作诗。他的乐府很多，取材很广；他是借着乐府旧题来抒写自己生活的。他的生活态度是出世的；他作诗也全任自然。人家称他为“天上谪仙人”[①]；这说明了他的人和他的诗。他的歌行增进了七言诗的价值；但他的绝句更代表着新制。绝句是五言或七言的四句，大多数是谐调。南北朝民歌中，五言四句的谐调最多，影响了唐人；南朝乐府里也有七言四句的，但不太多。李白和别的诗家纷纷制作，大约因为当时输入的西域乐调宜于这体制，作来可供宫廷及贵人家奏唱。绝句最短小，贵含蓄，忌说尽。李白所作，自然而不觉费力，并且暗示着超远的境界；他给这新体诗立下了一个标准。

但是真正继往开来的诗人是杜甫。他是河南巩县人。安禄山陷长安，肃宗在灵武即位，他从长安逃到灵武，做了“左拾遗”的官，因为谏救房琯，被放了出去。那时很乱，又是荒年，他辗转流落到成都，依靠故人严武，做到“检校工部员外郎”，所以后来称为杜工部。他在蜀中住了很久。严武死后，他避难到湖南，就死在那里。他是儒家的信徒；“致君尧舜上，再使风俗淳”

① 原是贺知章语，见《旧唐书·李白传》。

是他的素志。[1]又身经乱离，亲见了民间疾苦。他的诗努力描写当时的情形，发抒自己的感想。唐代以诗取士，诗原是应试的玩意儿；诗又是供给乐工歌妓唱了去伺候宫廷及贵人的玩意儿。李白用来抒写自己的生活，杜甫用来抒写那个大时代，诗的领域扩大了，价值也增高了。而杜甫写“民间的实在痛苦，社会的实在问题，国家的实在状况，人生的实在希望与恐惧”[2]，更给诗开辟了新世界。

他不大仿作乐府，可是他描写社会生活正是乐府的精神；他的写实的态度也是从乐府来的。他常在诗里发议论，并且引证经史百家；但这些议论和典故都是通过了他的满腔热情奔迸出来的，所以还是诗。他这样将诗历史化和散文化；他这样给诗创造了新语言。古体的七言诗到他手里正式成立；古体的五言诗到他手里变了格调。从此“温柔敦厚”之外，又开了“沉着痛快”一派。[3]五言律诗，王维、孟浩然已经不用来写艳情而用来写山水；杜甫却更用来表现广大的实在的人生。他的七言律诗，也是如此。他作律诗很用心在组织上。他的五言律诗最多，差不多穷尽了这体制的变化。他的绝句直述胸怀，嫌没有余味；但那些描写片段的生活印象的，却也不缺少暗示的力量。他也能欣赏自然，晚年所作，颇有清新的刻画的句子。他又是个有谐趣的人，他的诗往往透着滑稽的风味。但这种滑稽的风味和他的严肃的态度调和得那样恰到好处，一点也不至于减损他和他的诗的身份。

杜甫的影响直贯到两宋时代；没有一个诗人不直接间接学他的，没有一个诗人不发扬光大他的。古文家韩愈，跟着他将诗进一步散文化；而又造奇喻，押险韵，铺张描写，像汉赋似的。他的诗逞才使气，不怕说尽，是“沉着痛快”

① 杜甫《奉赠韦左丞丈二十二韵》。
② 胡适《白话文学史》。
③《沧浪诗话》说诗的“大概有二：曰优游不迫，曰沉着痛快”。“优游不迫”就是“温柔敦厚”。

的诗。后来有元稹、白居易二人在政治上都升沉了一番；他们却继承杜甫写实的表现人生的态度。他们开始将这种态度理论化；主张诗要“上以补察时政，下以泄导人情”，“嘲风雪，弄花草”是没有意义的。[①]他们反对雕琢字句，主张诚实自然。他们将自己的诗分为“讽谕”的和“非讽谕”的两类。他们的诗却容易懂，又能道出人人心中的话，所以雅俗共赏，一时风行。当时最流传的是他们新创的谐调的七言叙事诗，所谓“长庆体”的，还有社会问题诗。

晚唐诗向来推李商隐、杜牧为大家。李一生辗转在党争的影响中。他和温庭筠并称；他们的诗又走回艳情一路。他们集中力量在律诗上，用典精巧，对偶整切。但李学杜韩，器局较大；他的艳情诗有些实在是政治的譬喻，实在是感时伤事之作。所以地位在温之上。杜牧做了些小官儿，放荡不羁，而很负盛名，人家称为“小杜”——“老杜”是杜甫。他的诗词采华艳，却富有纵横气，又和温李不同。然而都可以归为绮丽一派。这时候别的诗家也集中力量在律诗上。一些人专学张籍、贾岛的五言律，这两家都重苦吟，总捉摸着将平常的题材写得出奇，所以思深语精，别出蹊径。但是这种诗写景有时不免琐屑，写情有时不免偏僻，便觉不大方。这是僻涩一派。另一派出于元白，作诗如说话，嬉笑怒骂，兼而有之，又时时杂用俗语。这是粗豪一派。[②]这些其实都是杜甫的鳞爪，也都是宋诗的先驱；绮丽一派只影响宋初的诗，僻涩、粗豪两派却影响了宋一代的诗。

宋初的诗专学李商隐；末流只知道典故对偶，真成了诗玩意儿。王禹偁独学杜甫，开了新风气。欧阳修、梅尧臣接着发现了韩愈，起始了宋诗的散文化。欧阳修曾遭贬谪；他是古文家。梅尧臣一生不得志。欧诗虽学韩，却平易疏畅，没有奇险的地方。梅诗幽深淡远，欧评他“譬如妖韶女，老自有

① 白居易《与元九（稹）书》。
② 以上参用胡小石《中国文学史》（上海人文社版）说。

余态”，“初如食橄榄，其味久愈在”。[①]宋诗散文化，到苏轼而极。他是眉州眉山（今四川眉山）人，因为攻击王安石的新法，一辈子升沉在党争中。他将禅理大量的放进诗里，开了一个新境界。他的诗气象洪阔，铺叙宛转，又长于譬喻，真到用笔如舌的地步；但不免“掉书袋”的毛病。他门下出了一个黄庭坚，是第一个有意的讲究诗的技巧的人。他是洪州分宁（今江西修水）人，也因党争的影响，屡遭贬谪，终于死在贬所。他作诗着重锻炼，着重句律；句律就是篇章字句的组织与变化。他开了江西诗派。

刘克庄《江西诗派小序》说他“荟萃百家句律之长，究极历代体制之变，搜猎奇书，穿穴异闻，作为古律，自成一家；虽只字半句不轻出”。他不但讲究句律，并且讲究运用经史以至奇书异闻，来增富他的诗。这些都是杜甫传统的发扬光大。王安石已经提倡杜诗，但到黄庭坚，这风气才昌盛。黄还是继续将诗散文化，但组织得更经济些；他还是在创造那阔大的气象，但要使它更富厚些。他所求的是新变。他研究历代诗的利病，将作诗的规矩得失，指示给后学，教他们知道路子，自己去创造，发展到变化不测的地步。所以能够独开一派。他不但创新，还主张点化陈腐以为新；创新需要大才，点化陈腐，中才都可勉力作去。他不但能够“以故为新”，并且能够“以俗为雅”。其实宋诗都可以说是如此，不过他开始有意的运用这两个原则罢了。他的成就尤其在七言律上；组织固然更精密，音调也谐中有拗，使每个字都斩绝的站在纸面上，不至于随口滑过去。

南宋的三大诗家都是从江西派变化出来的。杨万里为人有气节；他的诗常常变格调。写景最工；新鲜活泼的譬喻，层见叠出，而且不碎不僻，能从大处下手。写人的情意，也能铺叙纤悉，曲尽其妙；所谓“笔端有口，句中

---

① 《水谷夜行寄子美圣俞》。

有眼”[1]。他作诗只是自然流出，可是一句一转，一转一意；所以只觉得熟，不觉得滑。不过就全诗而论，范围究竟狭窄些。范成大是个达官。他是个自然诗人，清新中兼有拗峭。陆游是个爱君爱国的诗人。吴之振《宋诗钞》说他学杜而能得杜的心。他的诗有两种：一种是感激豪宕，沉郁深婉之作，一种是流连光景，清新刻露之作。他作诗也重真率，轻“藻绘”，所谓“文章本天成，妙手偶得之”[2]。他活到八十五岁，诗有万首；最熟于诗律，七言律尤为擅长。——宋人的七言律实在比唐人进步。

向来论诗的对于唐以前的五言古诗，大概推尊，以为是诗的正宗；唐以后的五言古诗，却说是变格，价值差些，可还是诗。诗以“吟咏情性”[3]，该是“温柔敦厚”的。按这个界说，齐、梁、陈、隋的五言古诗其实也不够格，因为题材太小，声调太软，算不得“敦厚”。七言歌行及近体成立于唐代，却只能以唐代为正宗。宋诗议论多，又一味刻画，多用俗语，拗折声调。他们说这只是押韵的文，不是诗。但是推尊宋诗的却以为天下事物穷则变，变则通，诗也是如此。变是创新，是增扩，也就是进步。若不容许变，那就只有模拟，甚至只有钞袭；那种“优孟衣冠”，甚至土偶木人，又有什么意义可言！即如模拟所谓盛唐诗的，末流往往只剩了空廓的架格和浮滑的声调；要是再不变，诗道岂不真穷了？所以诗的界说应该随时扩展；“吟咏情性”“温柔敦厚”诸语，也当因历代的诗辞而调整原语的意义。诗毕竟是诗，无论如何的扩展与调整，总不会与文混合为一的。诗体正变说起于宋代，唐、宋分界说起于明代；其实历代诗各有胜场也各有短处，只要知道新、变，便是进步，这些争论是都不成问题的。

---

① 周必大跋杨诚斋诗语。
② 陆游《文章诗》。
③ 《诗大序》。

文第十三

现存的中国最早的文，是商代的卜辞。这只算是些句子，很少有一章一节的。后来《周易》卦爻辞和《鲁春秋》也是如此，不过经卜官和史官按着卦爻与年月的顺序编纂起来，比卜辞显得整齐些罢了。便是这样，王安石还说《鲁春秋》是“断烂朝报”[①]。所谓“断”，正是不成片段，不成章节的意思。卜辞的简略大概是工具的缘故；在脆而狭的甲骨上用刀笔刻字，自然不得不如此。卦爻辞和《鲁春秋》似乎没有能够跳出卜辞的氛围去；虽然写在竹木简上，自由比较多，却依然只跟着卜辞走。《尚书》就不同了。“虞夏书”大概是后人追记，而且大部分是战国末年的追记，可以不论；但那几篇“商书”，即使有些是追记，也总在商周之间。那不但有章节，并且成了篇，足以代表当时史的发展，就是叙述文的发展。而议论文也在这里面见了源头。卜辞是“辞”，《尚书》里大部分也是“辞”。这些都是官文书。

记言记事的辞之外，还有讼辞。打官司的时候，原被告的口供都叫作“辞”；辞原是“讼”的意思[②]，是辩解的言语。这种辞关系两造的利害很大，两造都得用心陈说；审判官也得用心听，他得公平的听两面儿的。这种辞也兼有叙述和议论；两造自己办不了，可以请教讼师。这至少是周代的情形。春秋时候，

① 宋周麟之跋孙觉《春秋经解》引王语。“朝报”相当于现在的政府公报。
② 《说文·辛部》。

列国交际频繁，外交的言语关系国体和国家的利害更大，不用说更需慎重了。这也称为“辞”，又称为“命”，又合称为“辞命”或“辞令”。郑子产便是个善于辞命的人。郑是个小国，他办外交，却能教大国折服，便靠他的辞命。他的辞引古为证，宛转而有理，他的态度却坚强不屈。孔子赞美他的辞，更赞美他的“慎辞”。[①]孔子说当时郑国的辞命，子产先教裨谌创意起草，交给世叔审查，再教行人子羽修改，末了儿他再加润色。[②]他的确是很慎重的。辞命得“顺”，就是宛转而有理；还得“文”，就是引古为证。

孔子很注意辞命，他觉得这不是件易事，所以自己谦虚的说是办不了。但教学生却有这一科；他称赞宰我子贡，擅长言语[③]，“言语”就是“辞命”。那时候言文似乎是合一的。辞多指说出的言语，命多指写出的言语；但也可以兼指。各国派使臣，有时只口头指示策略，有时预备下稿子让他带着走。这都是命。使臣受了命，到时候总还得随机应变，自己想说话；因为许多情形是没法预料的。——当时言语，方言之外有“雅言”。“雅言”就是“夏言”，是当时的京话或官话。孔子讲学似乎就用雅言，不用鲁语。[④]卜、《尚书》和辞命，大概都是历代的雅言。讼辞也许不同些。雅言用的既多，所以每字都能写出，而写出的和说出的雅言，大体上是一致的。孔子说“辞”只要“达”就成。[⑤]辞是辞命，“达”是明白，辞多了像背书，少了说不明白，多少要恰如其分。[⑥]辞命的重要，代表议论文的发展。

战国时代，游说之风大盛。游士立谈可以取卿相，所以最重说辞。他们

① 均见《左传》襄公二十五年。

② 《论语·宪问》。

③ 《论语·先进》。

④ 《论语·述而》：“子所雅言：《诗》《书》、执礼，皆雅言也。”这里用刘宝楠《论语正义》的解释。

⑤ 《论语·卫灵公》：“子曰：‘辞达而已矣。’”

⑥ 《仪礼·聘礼》：“辞多则史，少则不达，辞苟足以达，义之至也。”

的说辞却不像春秋的辞命那样从容宛转了。他们铺张局势，滔滔不绝，真像背书似的；他们的话，像天花乱坠，有时夸饰，有时诡曲，不问是非，只图激动人主的心。那时最重辩。墨子是第一个注意辩论方法的人，他主张“言必有三表”。“三表”是“上本之于古者圣王之事”，“下原察百姓耳目之实”，“废（发）以为刑政，观其中国家百姓人民之利”；[①] 便是三个标准。不过他究竟是个注重功利的人，不大喜欢文饰，“恐人怀其文，忘其‘用’”，所以楚王说他“言多不辩”。[②]——后来有了专以辩论为事的“辩者”，墨家这才更发展了他们的辩论方法，所谓《墨经》便成于那班墨家的手里。——儒家的孟、荀也重辩。孟子说，“予岂好辩哉？予不得已也！”[③] 荀子也说：“君子必辩。”[④] 这些都是游士的影响。但道家的老、庄，法家的韩非，却不重辩。《老子》里说，“信言不美，美言不信”，[⑤]“老学”所重的是自然。《庄子》里说，“大辩不言”，[⑥]“庄学”所要的是神秘。韩非也注重功利，主张以法禁辩，说辩“生于上之不明”。[⑦] 后来儒家作《易·文言传》，也道：“君子进德修业。忠信，所以进德也；修辞立其诚，所以居业也。”这不但是在暗暗的批评着游士好辩的风气，恐怕还在暗暗的批评着后来称为名家的“辩者”呢。《文言传》旧传是孔子所作，不足信；但这几句话和“辞达”论倒是合拍的。

孔子开了私人讲学的风气，从此也便有了私家的著作。第一种私家著作是《论语》，却不是孔子自作而是他的弟子们记的他的说话。诸子书大概多是弟子们及后学者所记，自作的极少。《论语》以记言为主，所记的多是很

---

① 《非命上》。
② 《韩非子·外储说左上》。
③ 《滕文公下》。
④ 《非相篇》。
⑤ 第八十一章。
⑥ 《齐物论》。
⑦ 《问辩》。

简单的。孔子主张“慎言”，痛恨“巧言”和“利口”；他向弟子们说话，大概是很质直的，弟子们体念他的意思，也只简单的记出。到了墨子和孟子，可就铺排得多。《墨子》大约也是弟子们所记。《孟子》据说是孟子晚年和他的弟子公孙丑、万章等编定的，可也是弟子们记言的体制。那时是个“好辩”的时代。墨子虽不好辩，却也脱不了时代影响。孟子本是个好辩的人。记言体制的恢张，也是自然的趋势。这种记言是直接的对话。由对话而发展为独白，便是“论”。初期的论，言意浑括，《老子》可为代表；后来的《墨经》，《韩非子·储说》的经，《管子》的《经言》，都是这体制。再进一步，便是恢张的论，《庄子·齐物论》等篇以及《荀子》《韩非子》《管子》的一部分，都是的。——群经诸子书里常常夹着一些韵句，大概是为了强调。后世的文也偶尔有这种例子。中国的有韵文和无韵文的界限，是并不怎样严格的。

还有一种“寓言”，借着神话或历史故事来抒论。《庄子》多用神话，《韩非子》多用历史故事：《庄子》有些神仙家言，《韩非子》是继承《庄子》的寓言而加以变化。战国游士的说辞也好用譬喻。譬喻成了风气，这开了后来辞赋的路。论是进步的体制，但还只以篇为单位，“书”的观念还没有。直到《吕氏春秋》，才成了第一部有系统的书。[①] 这部书成于吕不韦的门客之手，有十二纪、八览、六论，共三十多万字。十二代表十二月，八是卦数，六是秦代的圣数；这些数目是本书的间架，是外在的系统，并非逻辑的秩序，汉代刘安主编《淮南子》，才按照逻辑的秩序，结构就严密多了。自从有了私家著作，学术日渐平民化。著作越来越多，流传也越来越广。“雅言”便成了凝定的文体了。后世大体采用，言文渐渐分离。战国末期，“雅言”之

① 上节及本节参用傅斯年《战国文籍中之篇式书体》（《中央研究院语言历史研究所集刊》第一本第二分）说。

外原还有齐语楚语两种有势力的方言。[①]但是齐语只在《春秋公羊传》里留下一些，楚语只在屈原的“辞”里留下几个助词如“羌”“些”等；这些都让“雅言”压倒了。

伴随着议论文的发展，记事文也有了长足的进步。这里《春秋左氏传》是一座里程碑。在前有分国记言的《国语》，《左传》从它里面取材很多。那是铺排的记言，一面以《尚书》为范本，一面让当时记言体的恢张的趋势推动着，成了这部书。其中自然免不了记事的文字；《左传》便从这里出发，将那恢张的趋势表现在记事文里。那时游士的说辞也有人分国记载，也是铺排的记言，后来成为《战国策》那部书。《左传》是说明《春秋》的，是中国第一部编年史。它最长于战争的记载；它能够将千头万绪的战事叙得层次分明，它的描写更是栩栩如生。它的记言也异曲同工，不过不算独创罢了。它可还算不得一部有自己的系统的书；它的顺序是依着《春秋》的。《春秋》的编年并不是自觉的系统，而且“断如复断”，也不成一部“书”。

汉代司马迁的《史记》才是第一部有自己的系统的史书。他创造了“纪传”的体制。他的书包括十二本纪、十表、八书、三十世家、七十列传，共五十多万字。十二是十二月，是地支，十是天干，八是卦数，三十取《老子》“三十辐共一毂”的意思，表示那些“辅弼股肱之臣”“忠信行道以奉主上”[②]；七十表示人寿之大齐，因为列传是记载人物的。这也是用数目的哲学作系统，并非逻辑的秩序，和《吕氏春秋》一样。这部书“厥协《六经》异传，整齐百家杂语”，以剪裁与组织见长。但是它的文字最大的贡献，还在描写人物。

---

①《孟子·滕文公》：“有楚大夫于此，欲其子之齐语也，则使齐人傅诸。”楚人要学齐语，可见齐语流行很广。又《韩诗外传》四：“然则楚之狂者楚言，齐之狂者齐言，习使然也。”“楚言”和“齐言”并举，可见楚言也是很有势力的。

②《史记·自序》。

左氏只是描写事，司马迁进一步描写人；写人更需要精细的观察和选择，比较的更难些。班彪论《史记》“善叙事理，辨而不华，质而不野，文质相称”[③]，这是说司马迁行文委曲自然。他写人也是如此。他又往往即事寓情，低徊不尽；他的悲愤的襟怀，常流露在字里行间。明代茅坤称他“出风入骚”[④]，是不错的。

汉武帝时候，盛行辞赋；后世说“楚辞汉赋”，真的，汉代简直可以说是赋的时代。所有的作家几乎都是赋的作家。赋既有这样压倒的势力，一切的文体，自然都受它的影响。赋的特色是铺张、排偶、用典故。西汉记事记言，都还用散行的文字，语意大抵简明；东汉就在散行里夹排偶，汉魏之际，排偶更甚。西汉的赋，虽用排偶，却还重自然，并不力求工整；东汉到魏，越来越工整，典故也越用越多。西汉普通文字，句子很短，最短有两个字的。东汉的句子，便长起来，最短的是四个字；魏代更长，往往用上四下六或上六下四的两句以完一意。所谓“骈文”或“骈体”，便这样开始发展。骈体出于辞赋，夹带着不少的抒情的成分；而句读整齐，对偶工丽，可以悦目，声调和谐，又可悦耳，也都助人情韵。因此能够投人所好，成功了不废的体制。

梁昭明太子在《文选》里第一次提出“文”的标准，可以说是骈体发展的指路牌。他不选经子史，也不选“辞”。经太尊，不可选；史“褒贬是非，纪别异同”，不算“文”；子“以立意为宗，不以能文为本”；“辞”是子史的支流，也都不算“文”。他所选的只是“事出于沉思，义归乎翰藻”之作。“事”是“事类”，就是典故；“翰藻”兼指典故和譬喻。典故用得好的，譬喻用得好的，他才选在他的书里。这种作品好像各种乐器，“并为入耳之娱”，好像各种绣衣，“俱为悦目之玩”。这是“文”，和经子史及“辞”的作用不同，性质自异。后来梁元帝又说：“吟咏风谣，流连哀思者谓之文。”“文者，

③《后汉书·班彪传》。
④《史记评林》总评。

惟须绮縠纷披，宫徵靡曼，唇吻遒会，情灵摇荡。”[①]这是说，用典故、有对偶、谐声调的抒情作品才叫作“文”呢。这种“文”大体上专指诗赋和骈体而言；但应用的骈体如章奏等，却不算在里头。汉代本已称诗赋为“文”，而以“文辞”或“文章”称记言、记事之作。骈体原也是些记言、记事之作，这时候却被提出一部分来，与诗赋并列在“文”的尊称之下，真是“附庸蔚为大国”了。

这时有两种新文体发展。一是佛典的翻译，一是群经的义疏。佛典翻译从前不是太直，便是太华；太直的不好懂，太华的简直是魏晋人讲老庄之学的文字，不见新义。这些译笔都不能做到“达”的地步。东晋时候，后秦主姚兴聘龟兹僧鸠摩罗什为国师，主持译事。他兼通华语及西域语；所译诸书，一面曲从华语，一面不失本旨。他的译笔可也不完全华化，往往有“天然西域之语趣”[②]；他介绍的“西域之语趣”是华语所能容纳的，所以觉得“天然”。新文体这样成立在他的手里。但他的翻译虽能“达”，却还不能尽“信”；他对原文是不太忠实的。到了唐代的玄奘，更求精确，才能“信”“达”兼尽，集佛典翻译的大成。这种新文体一面增扩了国语的词汇，也增扩了国语的句式。词汇的增扩，影响最大而易见，如现在口语里还用着的“因果”“忏悔”“刹那”等词，便都是佛典的译语。句式的增扩，直接的影响比较小些，但像文言里常用的“所以者何”“何以故”等也都是佛典的译语。另一面，这种文体是“组织的，解剖的”。[③]这直接影响了佛教徒的注疏和“科分”之学[④]，间接影响了一般解经和讲学的人。

演释古人的话的有“故”“解”“传”“注”等。用故事来说明或补充原文，

---

① 《金楼子·立言篇》。
② 宋赞宁论罗什所译《法华经》语，见《宋高僧传》卷三。
③ 梁启超《翻译文学与佛典》六之二。
④ 佛教徒注释经典，分析经文的章段，称为“科分”。

叫作“故”。演释原来辞意，叫作“解”。但后来解释字句，也叫作“故”或“解”。“传”，转也，兼有“故”“解”的各种意义。如《春秋左氏传》补充故事，兼阐明《春秋》辞意。《公羊传》《穀梁传》只阐明《春秋》辞意——用的是问答式的记言。《易传》推演卦爻辞的意旨，也是铺排的记言。《诗毛氏传》解释字句，并给每篇诗作小序，阐明辞意。“注”原只解释字句，但后来也有推演辞意、补充故事的。用故事来说明或补充原文，以及一般的解释辞意，大抵明白易晓。《春秋》三传和《诗毛氏传》阐明辞意，却是断章取义，甚至断句取义，所以支离破碎，无中生有。注字句的本不该有大出入，但因对于辞意的见解不同，去取字义，也有各别的标准。注辞意的出入更大。像王弼注《周易》，实在是发挥老庄的哲学；郭象注《庄子》，更是借了《庄子》发挥他自己的哲学。南北朝人作群经“义疏”，一面便是王弼等人的影响，一面也是翻译文体的间接影响。这称为“义疏”之学。

汉晋人作群经的注，注文简括，时代久了，有些便不容易通晓。南北朝人给这些注作解释，也是补充材料，或推演辞意。“义疏”便是这个。无论补充或推演，都得先解剖文义；这种解剖必然的比注文解剖经文更精细一层。这种精细的不算是破坏的解剖，似乎是佛典翻译的影响。就中推演辞意的有些也只发挥老庄之学，虽然也是无中生有，却能自成片段，便比汉人的支离破碎进步。这是王弼等人的衣钵，也是魏晋以来哲学发展的表现。这是又一种新文体的分化。到了唐修《五经正义》，削去玄谈，力求切实，只以疏明注义为重。解剖字句的功夫，至此而极详。宋人所谓“注疏”的文体，便成立在这时代。后来清代的精详的考证文，就是从这里变化出来的。

不过佛典只是佛典，义疏只是义疏，当时没有人将这些当作“文”的。“文”只用来称“沉思翰藻”的作品。但“沉思翰藻”的“文”，渐渐有人嫌“浮”“艳”了。“浮”是不直说，不简截说的意思。“艳”正是隋代李谔《上文帝书》中所指斥的："连篇累牍，不出月露之形；积案盈箱，唯是风云之状。"那时北周的苏绰是首先提倡复古的人，李谔等纷纷响应。但是他们都没有找到路子，死板的模仿古人到底是行不通的。唐初，陈子昂提倡改革文体，和者尚少。到了中叶，才有一班人"宪章六艺，能探古人述作之旨"[1]，而元结、独孤及、梁肃最著。他们作文，主于教化，力避排偶，辞取朴拙。但教化的观念，广泛难以动众，而关于文体，他们不曾积极宣扬，因此未成宗派。开宗派的是韩愈。

韩愈，邓州南阳（今河南南阳）人。唐宪宗时，他做刑部侍郎，因谏迎佛骨被贬；后来官至吏部侍郎，所以称为韩吏部。他很称赞陈子昂、元结复古的功劳，又曾请教过梁肃、独孤及。他的脾气很坏，但提携后进，最是热肠。当时人不愿为师，以避标榜之名；他却不在乎，大收其弟子。他可不愿做章句师，他说师是"传道授业解惑"的。[2]他实在是以文辞为教的创始者。他所谓"传道"，便是传尧、舜、禹、汤、文、武、周公、孔子、孟子的道；所谓"解惑"，便是排斥佛老。他是以继承孟子自命的；他排佛老，正和孔子的距杨墨一样。当时佛老的势力极大，他敢公然排斥，而且因此触犯了皇帝。[3]这自然足以惊动一世。他并没有传了什么新的道，却指示了道统，给宋儒开了先路。他的重要的贡献，还在他所提倡的"古文"上。

他说他作文取法《尚书》《春秋》《左传》《周易》《诗经》以及《庄子》、《楚辞》、《史记》、扬雄、司马相如等。《文选》所不收的经子史，他都排进"文"里去。这是一个大改革、大解放。他这样建立起文统来。但他并不死板的复古，而以变古为复古。他说，"惟古于辞必己出，降而不能乃剽贼"[4]，又说，"惟

---

① 李舟《独孤常州集序》。
② 《师说》。
③ 《谏佛骨表》触怒宪宗，被贬为潮州刺史。
④ 樊绍述《墓志铭》。

陈言之务去，戛戛乎其难哉”[1]；他是在创造新语。他力求以散行的句子换去排偶的句子，句读总弄得参参差差的。但他有他的标准，那就是“气”。他说，“气盛则言之短长与声之高下者皆宜”[2]；“气”就是自然的语气，也就是自然的音节。他还不能跳出那定体“雅言”的圈子而采用当时的白话；但有意的将白话的自然音节引到文里去，他是第一个人。在这一点上，所谓“古文”也是不“古”的；不过他提出“语气流畅”（气盛）这个标准，却给后进指点了一条明路。他的弟子本就不少，再加上私淑的，都往这条路上走，文体于是乎大变。这实在是新体的“古文”，宋代又称为“散文”——算成立在他的手里。

柳宗元与韩愈，宋代并称，他们是好朋友。柳作文取法《书》《诗》《礼》《春秋》《易》以及《穀梁》《孟》《荀》《庄》《老》《国语》《离骚》《史记》，也将经子史排在“文”里，和韩的文统大同小异。但他不敢为师，“摧陷廓清”的劳绩，比韩差得多。他的学问见解，却在韩之上，并不墨守儒言。他的文深幽精洁，最工游记；他创造了描写景物的新语。韩愈的门下有难易两派。爱易派主张新而不失自然，李翱是代表。爱难派主张新就不妨奇怪，皇甫湜是代表。当时爱难派的流传盛些。他们矫枉过正，语艰意奥，扭曲了自然的语气，自然的音节，僻涩诡异，不易读诵。所以唐末宋初，骈体文又回光返照了一下。雕琢的骈体文和僻涩的古文先后盘踞着宋初的文坛。直到欧阳修出来，才又回到韩愈与李翱，走上平正通达的古文的路。

韩愈抗颜为人师而提倡古文，形势比较难；欧阳修居高位而提倡古文，形势比较容易。明代所称唐宋八大家[3]，韩柳之外，六家都是宋人。欧阳修为首；以下是曾巩、王安石、苏洵和他的儿子苏轼、苏辙。曾巩、苏轼是欧阳修的

① 《答李翊书》。
② 《答李翊书》。
③ 茅坤有《唐宋八大家文钞》，从此“唐宋八大家”成为定论。

门生；别的三个也都是他提拔的。他真是当时文坛的盟主。韩愈虽然开了宗派，却不曾有意的立宗派；欧苏是有意的立宗派。他们虽也提倡道，但只促进了并且扩大了古文的发展。欧文主自然。他所作纡徐曲折，而能条达疏畅，无艰难劳苦之态；最以言情见长，评者说是从《史记》脱化而出。曾学问有根柢，他的文确实而谨严；王是政治家，所作以精悍胜人。三苏长于议论，得力于《战国策》《孟子》；而苏轼才气纵横，并得力于《庄子》。他说他的文“随物赋形”，“常行于所当行，常止于不可不止”；[①] 又说他意到笔随，无不尽之处。[②] 这真是自然的极致了。他的文，学的人最多。南宋有“苏文熟，秀才足”的俗谚[③]，可见影响之大。

欧、苏以后，古文成了正宗。辞赋虽还算在古文里头，可是从辞赋出来的骈体却只拿来作应用文了。骈体声调铿锵，便于宣读，又可铺张辞藻不着边际，便于酬酢，作应用文是很相宜的。所以流传到现在，还没有完全死去。但中间却经过了散文化。自从唐代中叶的陆贽开始。他的奏议切实恳挚，绝不浮夸，而且明白晓畅，用笔如舌。唐末骈体的应用文专称“四六”，却更趋雕琢；宋初还是如此。转移风气的也是欧阳修。他多用虚字和长句，使骈体稍稍近于语气之自然。嗣后群起仿效，散文化的骈文竟成了定体了。这也是古文运动的大收获。

唐代又有两种新文体发展。一是“语录”，一是“传奇”，都是佛家的影响。语录起于禅宗。禅宗是革命的宗派，他们只说法而不著书。他们大胆的将师父们的话参用当时的口语记下来。后来称这种体制为语录。他们不但用这种体制纪录演讲，还用来通信和讨论。这是新的记言的体制；里面夹杂着“雅言”

---

① 《文说》。
② 何薳《春渚纪闻》中东坡事实。
③ 陆游《老学庵笔记》。

和译语。宋儒讲学，也采用这种记言的体制，不过不大夹杂译语。宋儒的影响究竟比禅宗大得多，语录体从此便成立了，盛行了。传奇是有结构的小说。从前只有杂录或琐记的小说，有结构的从传奇起头。传奇记述艳情，也记述神怪；但将神怪人情化。这里面描写的人生，并非全是设想，大抵还是以亲切的观察作底子。这开了后来佳人才子和鬼狐仙侠等小说的先路。它的来源一方面是俳谐的辞赋，一方面是翻译的佛典故事；佛典里长短的寓言所给予的暗示最多。当时文士作传奇，原来只是向科举的主考官介绍自己的一种门路。当时应举的人在考试之前，得请达官将自己姓名介绍给主考官；自己再将文章呈给主考官看。先呈正经文章，过些时再呈杂文如传奇等，传奇可以见史才、诗、笔、议论，人又爱看，是科举的很好媒介。这样，作者便日渐其多了。

到了宋代，又有“话本”。这是白话小说的老祖宗。话本是“说话”的底本；“说话”略同后来的“说书”，也是佛家的影响。唐代佛家向民众宣讲佛典故事，连说带唱，本子夹杂“雅言”和口语，叫作“变文”；“变文”后来也有说唱历史故事及社会故事的。“变文”便是“说话”的源头；“说话”里也还有演说佛典这一派。“说话”是平民的艺术；宋仁宗很爱听，以后便变为专业，大流行起来了。这里面有说历史故事的，有说神怪故事的，有说社会故事的。“说话”渐渐发展，本来由一个或几个同类而不相关联的短故事，引出一个同类而不相关联的长故事的，后来却能将许多关联的故事组织起来，分为“章回”了。这是体制上一个大进步。

话本留存到现在的已经很少，但还足以见出后世的几部小说名著，如元罗贯中的《三国演义》，明施耐庵的《水浒传》，吴承恩的《西游记》，都是从话本演化出来的；不过这些已是文人的作品，而不是话本了。就《三国演义》还夹杂着“雅言”，《水浒传》和《西游记》便都是白话了。这里除《西游记》以设想为主外，别的都可以说是写实的。这种写实的作风在清代曹雪芹的《红楼梦》里得着充分的发展。《三国演义》等书里的故事虽然是关联的，却不是连贯的。到了《红楼梦》，组织才更严密了；全书只是一个家庭的故事。虽然包罗万有，而能“一以贯之”。这不但是章回小说，而且是近代所谓“长篇小说”了。白话小说到此大成。

明代用八股文取士，一般文人都镂心刻骨的去简练揣摩，所以极一代之盛。“股”是排偶的意思；这种体制，中间有八排文字互为对偶，所以有此称。——自然也有变化，不过“八股”可以说是一般的标准。——又称为“‘四书’文”，因为考试里最重要的文字，题目都出在“四书”里。又称为“制艺”，因为这是朝廷法定的体制。又称为“时文”，是对古文而言。八股文也是推演经典辞意的；它的来源，往远处说，可以说是南北朝义疏之学，往近处说，便是宋元两代的经义。但它的格律，却是从“四六”演化的。宋代定经义为考试科目，是王安石的创制；当时限用他的群经“新义”，用别说的不录；元代考试，限于“四书”，规定用朱子的章句和集注。明代制度，主要的部分也是如此。

经义的格式，宋末似乎已有规定的标准，元、明两代大体上递相承袭。但明代有两种大变化：一是排偶，一是代古人语气。因为排偶，所以讲究声调。因为代古人语气，便要揣写口吻；圣贤要像圣贤口吻，小人要像小人的。这是八股文的仅有的本领，大概是小说和戏曲的不自觉的影响。八股文格律定得那样严，所以得简练揣摩，一心用在技巧上。除了口吻、技巧和声调之外，八股文里是空洞无物的。而因为那样难，一般作者大都只能套套滥调，那真是“每下愈况”了。这原是君主牢笼士人的玩意儿，但它的影响极大；明清两代的古文大家几乎没有一个不是八股文出身的。

清代中叶，古文有桐城派，便是八股文的影响。诗文作家自己标榜宗派，在前只有江西诗派，在后只有桐城文派。桐城派的势力，绵延了二百多年，直到民国初期还残留着；这是江西派比不上的。桐城派的开山祖师是方苞，而姚鼐集其大成。他们都是安徽桐城人，当时有“天下文章在桐城”的话[①]，所以称为桐城派。方苞是八股文大家。他提倡归有光的文章，归也是明代八股文兼古文大家。方是第一个提倡“义法”的人。他论古文以为“六经”和《论语》《孟子》是根源，得其支流而义法最精的是《左传》《史记》，其次是《公羊传》《穀梁传》《国语》《国策》，两汉的书和疏，唐宋八家文[②]——再下怕就要数到归有光了。这是他的，也是桐城派的，文统论。“义”是用意，是层次；“法”是求雅、求洁的条目。雅是纯正不杂，如不可用语录中语、骈文中丽语、汉赋中板重字法、诗歌中俊语、“南北史”中佻巧语以及佛家语。后来姚鼐又加上注疏语和尺牍语。洁是简省字句。这些“法”其实都是从八股文的格律引申出来的。方苞论文，也讲“阐道”[③]；他是信程、朱之学的，不过所入不深罢了。

方苞受八股文的束缚太甚，他学得的只是《史记》、欧、曾、归的一部分，只是严整而不雄浑，又缺乏情韵。姚鼐所取法的还是这几家，虽然也不雄浑，却能“迂回荡漾，余味曲包”[④]，这是他的新境界。《史记》本多含情不尽之处，所谓远神的。欧文颇得此味，归更向这方面发展——最善述哀，姚简直用全力揣摩。他的老师刘大櫆指出作文当讲究音节，音节是神气的迹象，可以从字句下手[⑤]。姚鼐得了这点启示，便从音节上用力，去求得那绵邈的情韵。他的文真是所谓“阴与柔之美”[⑥]。他最主张诵读，又最讲究虚助字，

① 周书昌语，见姚鼐《刘海峰先生八十寿序》。
② 《古文约选·序例》。
③ 见雷鋐《卜书》。
④ 吕璜纂《吴德旋初月楼古文绪论》。
⑤ 刘大櫆《论文偶记》。
⑥ 姚鼐《复鲁絜非书》。

都是为此。但这分明是八股文讲究声调的转变。刘是雍正副榜，姚是乾隆进士，都是用功八股文的。当时汉学家提倡考据，不免繁琐的毛病。姚鼐因此主张义理、考据、词章三端相济，偏废的就是“陋”儒[①]。但他的义理不深，考据多误，所有的还只是词章本领。他选了《古文辞类纂》；序里虽提到“道”，书却只成为古文的典范。书中也不选经子史；经也因为太尊，子史却因为太多。书中也选辞赋。这部选本是桐城派的经典，学文的必由于此，也只须由于此。方苞评归有光的文庶几“有序”，但“有物之言”太少。[②]曾国藩评姚鼐也说一样的话，其实桐城派都是如此。攻击桐城派的人说他们空疏浮浅，说他们范围太窄，全不错；但他们组织的技巧，言情的技巧，也是不可抹杀的。

姚鼐以后，桐城派因为路太窄，渐有中衰之势。这时候仪征阮元提倡骈文正统论。他以《文选序》和南北朝“文”“笔”的分别为根据，又扯上传为孔子作的《易·文言传》。他说用韵用偶的才是文，散行的只是笔，或是“直言”的“言”，“论难”的“语”。[③]古文以立意、记事为宗，是子史正流，终究与文章有别。《文言传》多韵语、偶语，所以孔子才题为“文”言。阮元所谓韵，兼指句末的韵与句中的“和”而言。[④]原来南北朝所谓“文”“笔”，本有两义：“有韵为文，无韵为笔”，是当时的常言。[⑤]——韵只是句末韵。阮元根据此语，却将“和”也算是韵，这是曲解一。梁元帝说有对偶、谐声调的抒情作品是文，骈体的章奏与散体的著述都是笔。[⑥]阮元却只以散体为笔，这是曲解二。至于《文言传》，固然称“文”，却也称“言”，况且也非孔子所作——这更

---

① 《述庵文钞序》，又《复秦小岘书》。
② 《书震川文集后》。
③ 根据《说文·言部》。
④ 阮元《文言说》及《与友人论古文书》。
⑤ 《文心雕龙·总术》。
⑥ 《金楼子·立言篇》。

是傅会了。他的主张虽然也有一些响应的人，但是不成宗派。

曾国藩出来，中兴了桐城派。那时候一般士人，只知作八股文；另一面汉学宋学的门户之争，却越来越利害，各走偏锋。曾国藩为补偏救弊起见，便就姚鼐义理、考据、词章三端相济之说加以发扬光大。他反对当时一般考证文的芜杂琐碎，也反对当时崇道贬文的议论，以为要明先王之道，非精研文字不可；各家著述的见道多寡，也当以他们的文为衡量的标准。桐城文的病在弱在窄，他却能以深博的学问、弘通的见识、雄直的气势，使它起死回生。他才真回到韩愈，而且胜过韩愈。他选了《经史百家杂钞》，将经史子也收入选本里，让学者知道古文的源流，文统的一贯，眼光便比姚鼐远大得多。他的幕僚和弟子极众，真是登高一呼，群山四应。这样延长了桐城派的寿命几十年。

但“古文不宜说理”[①]，从韩愈就如此。曾国藩的力量究竟也没有能够补救这个缺陷于一千年之后。而海通以来，世变日亟，事理的繁复，有些决非古文所能表现。因此聪明才智之士渐渐打破古文的格律，放手作去。到了清末，梁启超先生的“新文体”可算登峰造极。他的文“时杂以俚语、韵语及外国语法，纵笔所至不检束，学者竞效之”。而“条理明晰，笔锋常带情感，对于读者，别有一种魔力焉”。[②]但这种“魔力”也不能持久；中国的变化实在太快，这种“新文体”又不够用了。胡适之先生和他的朋友们这才起来提倡白话文，经过“五四运动”，白话文是畅行了。这似乎又回到古代言文合一的路。然而不然。这时代是第二回翻译的大时代。白话文不但不全跟着国语的口语走，也不全跟着传统的白话走，却有意的跟着翻译的白话走。这是白话文的现代化，也就是国语的现代化。中国一切都在现代化的过程中，语言的现代化也是自然的趋势，并不足怪的。

---

① 曾国藩《复吴南屏书》：“仆尝谓古文之道，无施不可，但不宜说理耳。”
② 梁启超《清代学术概论》。

知识链接

写作杂谈

一、文脉

多年批改学生作文，觉得他们的最大的毛病是思路不清。思路不清就是层次不清，也就是无条理。这似乎是初学作文的人不能免的毛病。无论今昔，无论文言和白话——不过作文言更容易如此罢了。这毛病在叙述文（包括描写文）和抒情文里比较不显著，在说明文和议论文里就容易看出。实际生活中说明文和议论文比叙述文和抒情文用得多，高中与大一的学生应该多练习这两体文字；一面也可以训练他们的思想。本篇便着眼在这两体上；文言文的问题比较复杂，现在且只就白话文立论。因为注重“思路”怎样表现在文字里，所以别称它为“文脉”——表现在语言里的，称为“语脉”。

现在许多青年大概有一个误解，认为白话文是跟说话差不多一致的。他们以为照着心里说的话写下来就是白话文，而心里说的话等于独自言语。但这种“独自言语”跟平常说话不同。不但不出声音，并且因为没有听者，没有种种自觉的和不自觉的限制，容易跑野马。在平常谈话或演说的时候，还免不了跑野马；独自思想时自然更会如此。再说思想也不一定全用语言，有时只用一些影像就过去了。因此作文便跟说话不能一致；思路不清正由于这些情形。说话也有没条理的；那也是思想训练不足，随心所向，不加控制的缘故。但说话的条理比作文的条理究竟容易训练些，而训练的机会也多些。这就是说从自然的思路变成文脉，比变成语脉要难。总之，从思想到语言，和从思想到文字，都需要一番努力，语言文字清楚的程度，便看努力的大小而定；若完全随心所向，必至于说的话人家听不懂，作的文人家看不懂。

照着心里说的话写下来，有时自己读着，教别人听，倒也还通顺似的；可是教别人看，就看出思路不清来了。这种情形似乎奇特，但我实地试验过，确有这种事。我并且想，许多的文脉不调正是因为这个缘故。现在的青年练习说话——特别是演说——的机会很多，应该有相当的控制语言的能力，就是说语脉不调的应该比较前一代的青年少。他们练习作文的机会其实也比较前一代多；但如上文所论，控制文字确是难些。而因为作的是白话文，他们却容易将语脉混进文脉里，减少自己的困难，增加自己的满足；他们是将作文当作了说话的记录。但说话时至少有声调的帮助，有时候承转或连贯全靠声调；白话文也有声调，可是另一种，不及口语声调的活泼有弹性，承转或连贯处，便得另起炉灶。将作文当说话的记录，是想象口语声调的存在，因此就不肯多费气力在承转或连贯上；但那口语的声调其实是不存在的。这种作文由作者自己读，他会按照口语的声调加以调整，所以听起来也还通顺似的。可是教别人看时，只照白话文的声调默读着，只按着文脉，毛病便出来了。那种自己读时的调整，是不自觉的，是让语脉蒙蔽了自己；这蒙蔽自己是不容易发现的，因此作文就难改进了。

思想、谈话、演说、作文，这四步一步比一步难，一步比一步需要更多的条理；思想可以独自随心所向，谈话和演说就得顾到少数与多数的听者，作文更得顾到不见面的读者，所以越来越需要条理。语脉和文脉不同，所以有些人长于说话而不长于作文，有些人恰相反；但也有相关联的情形。说话可以训练语脉；这样获得的语脉，特别是从演说练习里获得的，有时也可以帮助文脉的进展。所以要改进作文，可以从练习演说下手。但是语脉有时会混入文脉，像上一段说的。在这种情形下，要改进作文，最好先读给人听，再请他看，请他改，并指出听时和看时觉得不同的地方，但是这件事得有负责的而且细心的教师才成。其实一般只要能够细看教师的批改也就很好。不过在这两种情形下，改本都得再三朗读，才会真得到益处。现在的学生肯细看教师的批改的已经很少，朗读改本的大概没有一个。这固然因为懒，也因为从来没有受到正确的朗读训练的缘故。现在白话文的朗读训练只在小学里有，那其实不是朗读，只是吟诵；吟诵重音节，便于背，却将文义忽略，不能训练文脉。要训练文脉，得用宣读文件的声调。我想若从小学时代起就训练这种正确的朗读，语脉混入文脉的情形将可减少，学生的作文也将容易进步。

再次是在作文时先写出详细的纲目。这不是从声调上下手，而是从意义上、从意念的排列上下手。这是诉诸逻辑。细目最好请教师看看。意念安排得有秩序，作起文来应该容易通顺些。不过这方法似乎不及前两者直截而自然。还有，作文时限制字数，或先作一段一段的，且慢作整篇的，这样可以有工夫细心修改；但得教师个别的指正，学生才知道修改的路子。这样修改的结果，文脉也可以清楚些。除了这些方法之外，更要紧的是多看、多朗读、多习作（三项都该多在说明和议论两体上下功夫）。这原是老生常谈，但这里要指出，前两项更重要些；只多作而不多看多读，文脉还是不容易获得的。

二、标点符号

历年批改大学一年级学生的作文，觉得他们对于标点符号的使用很不在意。他们之间，和一般人之间一样，流行着一句熟语："加标点。"他们写作，多数是等到成篇之后再"加"标点符号的。这显然不是正确的办法。白话文之所以为白话文，标点符号是主要的成分之一。标点符号表明词句的性质，帮助达意的明确和表情的恰切，作用跟文字一样，决不是附加在文字上，可有可无的玩意儿。本来没有标点符号的古书和文言，为了帮助别人了解或为了自己了解正确，可以"加"上标点符号去。但是自己写作，特别是白话文，该将标点符号和文字一样看待，同等使用，随写随标点，才能尽标点符号的用处。若是等文字写成篇再"加标点"，那总是不会切合的。古书和原无标点符号的文言，"加标点"后往往有不切合处；那是古今达意表情的方式不同，无可奈何。自己写作，特别是白话文，标点符号正是支持我们达意表情的方式的，不充分利用，写作的效果便会因而减少。我们说话时得靠种种声调姿势帮助；写作时失去这种帮助，标点符号可以替代一部分。明白这个道理，便知道标点符号跟文字的关系是有机的——后"加"上去，就不是有机的了。

现在的学生乃至一般人往往乱用或滥用标点符号，结果标点符号真成了可有可无的东西似的。在达意方面，学生的作文里最常见的是逗号（，）和分号（；）的乱用。分号介在逗号和句号（。）之间，主要的作用在界划较长的句语和较短而意义上紧密的联系着的句子。青年们和一般人不大容易弄清楚这个符号的用处，是大家都知道的。有时他们似乎将它当逗号用，有时又似乎将它当句号用；用得合适的很少。这个符号本来复杂些，用错了还可以说是在意中。像逗号，很简单，乱用的却也很多，或许是一般想不到的。学生们作文里用逗号最多，往往一段文字只在段末有个句号，其余便是一大串逗号。这使人看不清他们的意义，摸不清他们的思路。他们似乎将逗号只当作停顿的符号用，而不管停顿的长短；更不管意义的分界。他们不大用句号，是一个可注意的现象。他们似乎没有清楚的“句”的意念。学生们作文，常犯思路不清或层次不明的毛病；这少用句号也是征象之一。此外还有惊叹号的滥用，似乎是一般的情形。就像公函中“为荷”下的惊叹号，便大可不必——句号尽合适了。更有爱用双惊叹号或三惊叹号的，给予读者的效果往往只是浮夸不实。

教育部二十年前就颁行过标点符号施行条例，起草的是胡适之先生。但是青年们和一般人注意这个条例的似乎不多。原因大约有好几种。一是推行的不尽力。这种条例应该常在青年读物或一般读物里引用，让大家常常看见，常常捉摸，才有用处。可是事实不然。中学教科书里虽然偶有论到标点符号的，也不多，教师们又不认真去教，成效自然不见。二是例句不合适。条例中所举的例句都是古书和文言，加上一些旧小说的白话，现代的白话文记得似乎没有。条例颁行的时期，白话文运动刚起头儿，为起信的缘故，只举旧例，也是一番苦心。可是如上文所论，这种例句“加”上标点符号，究竟不很自然；这种例句并不能充分表示每种标点符号的用处。再说既然都是旧例，爱读现代白话文的，便不免减少阅读的兴趣，不大去注意。我想教育部若能将那条例修订一番，细心选择现代白话文作为主要的例句，一面责成中学教师切实教授，并在改文时注意，标点符号的用法会渐渐正确起来的。不过，更重要的是，青年们得养成随文标点的习惯，一面还得在读现代白话文时随时体会一标一点的意味，学习正确的用法才成。

写作杂谈（二）

我是一个国文教师，我的国文教师生活的开始可以说也就是我的写作生活的开始。这就决定了我的作风，若是我也可说是有作风的话。我的写作大体上属于朴实清新一路。一方面自己的才力只能做到这地步，一方面也是国文教师的环境教我走这一路。我是个偏于理智的人，在大学里学的原是哲学。我的写作大部分是理智的活动，情感和想象的成分都不多。虽然幼年就爱好文学，也倾慕过《聊斋志异》和林译小说，但总不能深入文学里。开始写作的时候，自己知道对于小说没希望，尝试的很少。那时却爱写诗。不过自己的情感和想象都只是世俗的，一点儿也不能超群绝伦。我只是一个老实人。或一个乡下人，如有些人所说的。——外国文学的修养差，该也是一个缘故。可是我做到一件事，就是不放松文字。我的情感和想象虽然贫弱，却总尽力教文字将它们尽量表达，不留遗憾。我注意每个词的意义，每一句的安排和音节，每一段的长短和衔接处，想多少可以补救一些自己的贫弱的地方。已故的刘大白先生曾对人说我的小诗太费力，实在是确切的评语。但这正是一个国文教师的本来面目。

后来丢开诗，只写些散文；散文对于自己似乎比较合宜些，所以写得也多些。所谓散文便是英语里的“常谈”，原是对“正论”而言；一般人又称为小品文，好似对大品文而言，但没有大品文这名称。散文虽然也叙事、写景、发议论，却以抒情为主。这和诗有相通的地方，又不需要小说的谨严的结构，写起来似乎自由些。但在我还是费力。有时费力太过，反使人不容易懂。如《桨声灯影里的秦淮河》里有一处说到“无可无不可”，有“无论是升的沉的”一句话。升的“无可无不可”指《论语》里孔子的话，所谓“时中”的态度。沉的指一般人口头禅的“无可无不可”，只是“随便”“马虎”的意思。有许多人不懂这“升的沉的”。也许那句话太简了，因而就太晦了。可是太简固然容易晦，繁了却也腻人。我有一篇《扬州的夏日》（在《你我》里），篇末说那些在城外吃茶的人回城去，有些穿上长衫，有些只将长衫搭在胳膊上。一个朋友说穿上长衫是常情，用不着特别叙出。他的话有道理。但这并不由于我的疏忽；这是我才力短，不会选择。我的写作有时不免牵于事实，不能自由运用事实，这是一例。

我的《背影》《儿女》《给亡妇》三篇，注意的人也许多些。《背影》和《给亡妇》都不曾怎样费力写出。《背影》里引了父亲来信中一句话。那封信曾使我流泪不止。亡妇一生受了多少委屈，想起来总觉得对不起她。写《给亡妇》那篇是在一个晚上，中间还停笔挥泪一回。情感的痕迹太深刻了，虽然在情感平静的时候写作，还有些不由自主似的。当时只靠平日训练过的一支笔发挥下去，几乎用不上力量来。但是《儿女》，还有早年的《笑的历史》，却是费了力琢磨成的。就是《给亡妇》，一方面也是一个有意的尝试。那时我不赞成所谓欧化的语调，想试着避免那种语调。我想尽量用口语，向着言文一致的方向走。《给亡妇》用了对称的口气，一半便是为此。有一位爱好所谓欧化语调的朋友看出了这一层，预言我不能贯彻自己的主张。我也渐渐觉得口语不够用。我们的生活在欧化（我愿意称为现代化），我们的语言文字适应着，也在现代化，其实是自然的趋势。所以我又回到老调子。所谓老调子是受《点滴》等书和鲁迅先生的影响。当时写作的青年很少不受这种影响的。后来徐志摩先生，再后来梁宗岱先生、刘西渭先生等，直接受取外国文学的影响，算是异军突起，可是人很少。话说回来，上文说到的三篇文里，似乎只有《背影》是“情感的自然流露”，但也不尽然。《背影》里若是不会闹什么错儿，我想还是平日的训练的缘故。我不大信任“自然流露”，因为我究竟是个国文教师。

国文教师做久了，生活越来越狭窄，所谓“身边琐事”的散文，我慢慢儿也写不出了。恰好谢谢清华大学，让我休假上欧洲去了一年。回国后写成了《欧游杂记》和一些《伦敦杂记》。那时真是“身边琐事”的小品文已经腻了，而且有人攻击。我也觉得身边琐事确是没有多大意思，写作这些杂记时便专从客观方面着笔，尽力让自己站在文外。但是客观的描叙得有充分的、详确的知识作根据，才能有新的贡献。自己走马看花所见到的欧洲，加上游览指南里的一点儿记载，实在太贫乏了，所以写出来只是寒碜。不过客观的写作却渐渐成了我的唯一的出路。这时候散文进步了。何其芳先生的创作，卞之琳先生的翻译，写那些精细的情感，开辟了新境界。我常和朋友说笑，我的散文早过了时了。既没有创新的力量，我只得老老实实向客观的描叙的路走去。我读过瑞恰慈教授几部书，很合脾胃，增加了对于语文意义的趣味。从前曾写过几篇论说的短文，朋友们似乎都不大许可。这大概是经验和知识还不够的缘故。但是自己总不甘心，还想尝试一下。于是动手写《语文影》。第一篇登在《中央日报》昆明版的《平明》上，闹了点错儿，挨了一场骂。可是我还是写下去。更想写一些论世情的短文，叫作《世情书》。试了一篇，觉得力量还差得多，简直不能自圆其说似的，只得暂且搁下。我是想写些“正论”或“大品文”，但是小品文的玩世的幽默趣味害我“正”不住我的笔，也得再修养几年。十六年前曾写过一篇《正义》（见《我们的七月》），虽然幼稚，倒还像“正义”，可惜没有继续训练下去。现在大约只能先试些《语文影》。这和《世情书》都以客观的分析为主，而客观的分析语文意义，在国文教师的我该会合宜些。

我的写作的经验有两点也许可以奉献给青年的写作者。一是不放松文字，注意到每一词句，我觉得无论大小，都该从这里入手。控制文字是一种愉快，也是一种本领。据说陀斯妥耶也夫斯基很不讲究文字，却也成为大小说家。但是他若讲究文字，岂不更美？再说像陀斯妥也夫斯基那样大才力，古今中外又有多少人？为一般写作者打算，还是不放松文字的好。现在写作的青年似乎不大在乎文字。无论他们的理由怎样好听，吃亏的恐怕还是他们自己，不是别人。二是不一定创作，“五四”以来，写作的青年似乎都将创作当作唯一的出路。不管才力如何，他们都写诗，写散文，写小说戏剧。这中间必有多数人白费了气力，闹得连普通的白话文也写不好。这也是时代如此，当时白话文只用来写论文，写文学作品，应用的范围比较窄。论文需要特殊的知识和经验，青年人办不了，自然便拥挤到创作的路上。这几年白话文应用的范围慢慢儿广起来了，报纸上可以见出。“写作”这个词代替了“创作”流行着，正显示这个趋势。写作的青年能够创作固然很好，不能创作，便该赶紧另找出路。现在已经能够看到的最大的出路，便是新闻的写作。新闻事业前途未可限量，一定需要很多的人手。现在已经有青年记者协会，足见写作的青年已找出这条路。从社会福利上看，新闻的写作价值决不在文艺的写作之下，只要是认真写作的话。

关于写作答问

一、写作趣味的由来

读《聊斋志异》和林译小说都曾给我影响。家庭问题是我早年写作的主要题材。我的天性又自幼就爱好写作。

二、写作年龄的开始

中学时代曾写过一篇《聊斋志异》式的山大王的故事，辞藻和组织大约还模仿林译小说，得八千字。写成寄于《小说月报》被退回。稿子早已失去。那时还集合了些朋友在扬州办了一个《小说日报》，都是文言，有光纸油印，只出了三天就停了。自己在上面写过一篇《龙钟人语》，大概是个侠客的故事，父亲讲给我听的。

大学时代受了《新青年》的启示，开始学习白话文写作。但写得很少。记得曾仿效《新青年》和《新潮》上的新诗写过一首，中间引了"逝者如斯夫！不舍昼夜"，别的却忘了。诗旨大概是人生的慨叹。大学毕业，做了国文教师，那时二十一岁。有一回寄了两首新诗给《小说月报》，主编给我登出，并来信鼓励，不久又发表了我的名字在特约撰稿人里。这些鼓励影响我极大，我后来的写作可以说都是从这儿来的。我很感谢该刊的主编。那时多写诗，也写了几篇小说样的东西，散文的写作略晚些。

三、写作的生活叙述

写作时间，我爱晚间，晚上事情完毕，写作可以定心些。

写作时间抽烟，比平常多些。早年没有学会抽烟，每回停笔思索，便用笔尖在纸上尽蘸。一个朋友看了那些笔尖痕，替我着急。

四、写作速率和作品修删

我写作很慢，平均每天只能写两千字，每次写作的持久力只有两小时左右。我早年写作，都先起草，如《笑的历史》《桨声灯影里的秦淮河》都是逐节起草的。后来觉得起草太费工夫，做作气也重，便直写下去。因为得随时斟酌字句，所以写得很慢。既然随时斟酌，完篇后改动便少。但是我若能将稿件留两三天再看一回，往往也还有修删的地方。我觉得稿成后隔两三天复审一回是很有益处的。

五、写作上的困难之点

早年作诗，因为自己想象力薄弱，常感到观念的推拓的困难。

写作散文，很注意文字的修饰。语句的层次和词义、句式，我都用心较量，特别是句式。《欧游杂记》序里曾提到我怎样变换句式。

六、写作完成的感觉

作品完成，了一桩事，总有些如释重负的愉快，却不一定是“胜利”的感觉。失败的感觉也有过。往年给《今日评论》写了一篇散文，一个朋友看了说不成，我将那篇稿毁了。

七、《欧游杂记》发表后的感觉

《欧游杂记》里懊悔的地方很多，因为有些话，关于绘画的，太外行了。《滂卑故城》那篇，我也很想删去。

八、作品落选后的感觉

奋勉二字而已。

九、对别人批评的观感

朋友的零星的批评对我很有益。别人的批评说到我的很少。有些概括的判断虽然确当，却不能使我改进，因为我的才力只能如此这般。

文病类例

在中学和大学里连续担任了多年国文作文课程，养成了自己对于语言文字的特殊兴趣——也许是一种咬文嚼字的癖。从二十二年起，并摘抄学生作文；大部分是句子，也有些成段的，也有些是全篇或各段的大意。句和段是原文，各段大意却是我参照原文编的。这里大都是些文病。我觉得现在一般青年朋友对于作文——特别是文字的技术方面——犯了一个共同的错儿，就是那“不好不要紧”的态度。任何爱好的青年朋友，只要肯想一想，就会知道这个态度是要不得的。我现在将历年所抄的材料整理出来，分类选例，加以说明。希望我们的青年朋友看了这些，也许多少可以改变那要不得的态度。若是更能够让他们参考了这些，举一反三，在文字技术上得到一点儿进步，那却是望外了。所有的例子都是从大学一年级学生的作文里摘出来的；这里只选白话文的例子，我觉得现在的青年朋友只要能写通白话文就够用了。

一、词汇

一般学生的通病是词汇太窄狭，在那窄狭的词汇里，又有许多词的意义不曾弄明白，写作起来，自然教人看不顺眼。国文教学不重记忆不重练习的流弊，在这里最容易见出。

一·一·一　（我）降生民国初年。

一·一·二　晨曦，千余学生从住在不同的地方像潮涌一般向昆明大西门外的云南省立农业学校来受课。

一·一·三　淅历（沥）的折纸的各种声音响了。

这里只讨论词汇，别的毛病，——假如有的话——暂且不谈。我们说“孔子降生”，“降”有“（从）天（而）降”的意思。孔子是伟大人物，所以说是“从天而降”，所以用得上“降生”这个词。但“降生”并不限于伟大人物，对于稍有身份的人，也可以用；那却只是客气的字眼，没有特别崇敬的意味。说到自己，显然不能用；说到自己，只能说“我生在民国初年”“我出生在民国初年”，或“我诞生在民国初年”。“出生”是个新词，但现在已经用得很熟了。“曦”是日色，是个名词。“晨曦”不成语，必得加“初上”一类助语才成；但那是文言，这儿不如说“早晨太阳刚出来的时候”。作者似乎是将“曦”字用成动词，似乎是将“晨曦”当作陶渊明《归去来辞》里的“晨光熹微”了。“淅沥”是形容小雨声和霰声的。作者许是不清楚这个词的意义，以为只是形容细碎的声音的；也许找不到适当的形容词，便将就着用它。以上三例，概括的看，都可以说是不明词义的病。

一·一·四　私塾中也有按时放假的习俗。

一·一·五　牺牲了自己，损失了国家。

一·一·六　大西门外的老乞丐，在紧缩苦叫。

一·一·七　借着买东西来换散一下迟木的心情。

一·一·八　我也要洒别我的教师和同学们。

“习俗”该是“习惯”，“损失”该是“损害”，“紧缩苦叫”该是“蜷缩着苦叫”。这是混用意义相近而不同的词；但“蜷缩”这个词，一·一·六的作者的词汇里也许压根儿就没有。“换散”大约是“涣散”，写别了，也用错了；该是“变换”或“舒散”两个词之一。但作者未必知道“舒散”这个词。这是混用声同义异或字同义异的词。“洒别”是“洒泪告别”这一仂语的缩短，这儿也许只是“告别”的意思。“握手作别”可以缩短成“握别”，“洒别”却不成语；若再用这“洒别”作“告别”，那是将普通情形和特殊情形混为一谈，自然不妥而又不妥了。这些可以说是混淆词义的病。

一·一·九　哭是情感的表现，在未表现之前是情感，既表现之后就是哭。

一·一·一〇　迫得我脑袋产生了一种恼人的东西。

一·一·一一　现在天气已经是很和暖了，可是居然还会落这样大的雪，所以大家心里都有各不相同的心理。

“情感”的表现不必就是哭，“情感”太泛，该是“悲戚”。“恼人的东西”不明白，大约是“烦恼”“恼恨”一类的意思。这句式根本不成，只消说“不由得我不烦恼（或恼恨）”就好。“各不相同的”也不明白，大约只是“惊疑”的意思。这句式也不成，只消说“大家心里都有些奇怪”就好。这些可以说是词义笼统的病。

一·一·一二　提起你麻木的脚步。

一·一·一三　愤怒的脚，将它踏得稀烂。

一·一·一四　沿街罗列小贩的叫喊声。

一·一·一五　我们知道一个身体不健全的人，极易受流行时疫的感冒。

一·一·一六　平常听见我说话，是很少见的。

一·一·一七　我虽然是工学院，但是是一年级。

“脚”可以是“麻木的”，但“脚步”不能；也许该说“滞重的脚步”。“脚”却不能是“愤怒的”；一·一·一三也许只能说“愤怒的用脚将它踏得稀烂”。“小贩”可以“罗列”，“叫喊声”不能。一·一·一四可以换上“充满”两个字，或者“沿街罗列”下加“的”字。一·一·一二和一·一·一四是将形容有形物的词移用到无形物上；一·一·一三是将形容有意志的人的词移用到他的无意志的脚上。“感冒”是自己“感冒”风寒，不是风寒“感冒”自己，“受感冒”不成语，这是将主动的词移用到被动语气里。但一·一·一五即使改成为主动语气，“感冒”还是用不上；该说“感染”或“传染”才成。可是改成这两个词，句子的语气倒又没关系了。一·一·一六，说“平常很少见我说话”或“平常听见我说话，是很少的”，都成；就是不能说“少见”“听见我说话”。这是将表示视觉的词移用到听觉上。一·一·一七，“一年级”是学生的集体名词，可以用来指个体；“工学院”只是普通名词，不能用来指个体的学生。这儿得加上“学生”两个字。但在说话里，“工学院”一类普通名词有时确可用作集体名词，指称个体的人。言文不能一致，这是一例。若是对话的记录，这句子是成立的。但当作白话文，这便是将普通名词移用为集体名词。这和上面各例都可以说是迁移词义的病。

一·一·一八　墨水的沉淀和铜锈早已经笼罩了笔尖上的外国文。

一·一·一九　深深的寒意笼罩了整个的宇宙。

一·一·一八，“笼罩”其实只是“遮没”“掩没”；说“笼罩”便有点儿夸张似的。一·一·一九，“宇宙”也是大而无当，其实只消“整个的城市”好了。这些可以说是词义浮夸的病。

一·一·二〇　我们自备汽车的速度由缓而停了。

一·一·二一　他把两手托在桌上。

“由缓而停”还是直接叙述汽车的好；“的速度”三个字可以省去。说速度“缓”，口头常有，不过用的是“慢”字；说“停”，却不大听见。速度可“大”可“小”，可“加”可“减”，可“有”可“没有”；说它“缓”和“停”却都嫌不确切。它是抽象的观念，没有活动，无所谓“停”。“快”“慢”（缓）虽然用得上去，但不如“大”“小”确切。再有，说速度“缓”，字面上也不免矛盾；固然有些译名都免不了这种矛盾，如一个人的健康可以“好”，又可以“不好”之类，但能够避总是避掉的好。一·一·二一，“托”字不够清楚，可以说“他把两肘靠在桌上”，或改变句式说，“他托着两手，靠在桌上”。这些可以说是词义含糊的病。

一·一·二二　始终合不下眼。

这该是“合不上眼”。我们总说“合上”，如“合上书”，不说“合下”。“上”“下”这类词有它们的用例。如“关上门”“搁下”“丢下他一个人”“放不下心”，“上”“下”都不能互易。这不是没有理由的。“合上眼”是将上眼皮合在下眼皮上；“合上书”是将这一半儿合在那一半儿上；“关上门”是在门上加上些东西——如门闩等。“搁下”“丢下”“放下”的“下”，都表示将事物安排在不消注意或不必注意的地方。忽略了这种习惯用法，可以说是不明词例的病。

一·一·二三　我应把它（笔）训练成一条不阿谀，不保守，不危难，而据（具）

有百折不挠视死如归的一条战士。

一·一·二四　每一条友谊全是平平匀匀的。

一·一·二五　在一个风的怒号之下。

一·一·二六　黄莺儿有一张歌喉宛转的嘴。

“一条战士”从“一条好汉”变出，原也可用，但现在说“一个战士”“一位战士”，觉得更郑重些；“一条好汉”虽然含着多少尊敬，可也夹带着一份儿轻蔑——“好汉”像脱不了跑马卖解一类流浪人的味儿。“友谊”却不能论“条”数，这不是具体的事物。一·一·二四，也许可以说“各方面的友谊全是平平淡淡”。一·一·二五，“风”不能论“个”，“怒号”也不能，这都是不能数的。说“一阵”就成了。一·一·二六，“一张嘴”不错，但“一张”紧接着“歌喉宛转的”，有些人会将“一张歌喉”连读；不但截断文义，“歌喉”也只说“一副”“一串”，不说“一张”的。改为“歌声”，便不致误会了。这些可以说是滥用量词的病。

以上都是从词义着眼。

一·二·一　几个月的积闷愁绪。

一·二·二　英（国）兵身壮体伟。

一·二·三　杂乱沉重的雨点。

一·二·四　一个精邃多疑的青年。

一·二·五　一颗玲俐（珑）无瑕的珠子。

这五例里，都将两个同类的词或短语（前文称为“仂语”）联用，中间不加连词。这是文言的影响，也是成语的影响。文言中四个字的成语确是很多，如“匣剑帷灯”“天经地义”“灯红酒绿”“纸醉金迷”“缠绵悱恻”“悲壮苍凉”“荒唐谬悠”等等。白话里也有这些个。如“头晕眼花”“手忙脚乱”“大呼大叫”“乌烟瘴气”“一五一十”“气急败坏”等等。这里所引的成语都由两个短语或词联合而成，这些短语或词大都是同类的。这个暗示着一种普遍的语言格式；学生们造句，受着这种语式的影响，也是自然的。

但这种语式上下两部分往往是对偶的，或者利用双声叠韵的字音（如“缠绵”“荒唐”“谬悠”“败坏”）才能够使四字联成一语。不然，两部分间便得加上连词“与”字或“而”字。一·二·一的“愁绪”，若改为“闲愁”，和“积闷”对偶，便可联为一气，不像现在跛脚的样子；虽然文言的气味重些。若还留着“愁绪”，就得加连词；有人也许借用文言的“与”字，但是加上“和”“同”“跟”等词，更是白话些。“和”是北平话，是国语，用的最多。“跟”似乎是所谓官话区域的词，“同”似乎原是吴语区域的词；可是现在都通用。这几个连词，大概用在名词短语的中间。

一·二·二若说是文言的句子也成，不过这一句是写在白话文里。“身壮体伟”虽然也是对偶，和“灯红酒绿”的构造差不多，可是“身”“体”两个词用得不合适。古文里“身”这个词多半指“自己”，有时候指具体的“躯干”；我们所谓“身体”，似乎是应用的文言，古文只说“体”或“体气”。固然，“体”有时也指身躯的部分，如“四体”“五体”；但不指躯干，只指部分。“身壮体伟”这一语，若是仿应用的文言作白话文句，可以说“身躯壮伟”；若是干脆用白话，只消说“英国兵个儿大”，就成。可是，如果一定要创造新语，将“身体”一词分开，做成“身壮”“体伟”两个意义相似的短语，那也未尝不可容许；但这两个短语之间，得加上连词“而”字。加上“而”字，那联合的短语就见得是新联合起来的；不至于自己矛盾，像成语又不像成语。

一·二·三“杂乱”“沉重”也可以说是对偶，但是既然和白话的助词“的”字联起，变成一个形容性短语“杂乱沉重的”，似乎不宜再套文言的格式。这儿“杂乱”下得加上“而”字，也可以加“的”字。一·二·四“精邃”大约是“精细”，和“多疑”并不对偶；中间更得加“而”字或“的”字。一·二·五“玲珑无瑕”，似乎套用“洁白无瑕”那成语的格式。但在那成语中，“无瑕”似乎是表示“洁白”的程度；上下两部分贯穿成一语。“玲珑”和“无瑕”却是两回事，跟一·二·四同例，也得加“而”字或“的”字。

“而”字用在形容性的短语和句子样式的短语（如“身壮”“体伟”）之间，跟“和”字的效用不一样。“和”表示“并列”的关系；“而”表示“增加”的关系，有“又”的意思。“而”字还表示“转折”的关系，有“却”的意思，像一·二·四“精细而多疑的”便是。有些人表示这三种关系，都用“和”一个词；“和”字的任务太多，倒教人弄不清楚。“而”字虽是文言，我们口头上早就不时地用它；现在有意地取来作白话连词，在势也是很顺的。一·二·三“杂乱”下，一·二·四“精细”下若加上“的”字，语味又是不同。在每一句里，都是一个联合的形容性短语变成了两个独立的却叠用的形容词。这两个形容词之间的关系，只暗示在词义里。这样，分别指明两种属性，形式上虽然更清楚些，可是那“关系”往往容易被忽略过去。在这两例里，关系似乎比属性还要重点儿，我想还是加上“而”字强些。以上三例，概括地看，可以说是省略连词的病。

一·二·六　可是现在它（风翥街）变成了一条，繁华，操（嘈）杂，学生，文化交流的地方。

一·二·七　我们都应当想到一般平民的食品饮料和他们的安眠处都是怎样的情形。

一·二·八　还受到一般社会人士们的批评认为这富有爱国精神而无畏的学生运动简直是胡闹。

一·二·九　我们现在所需要的是个清洁与滋养丰富的食堂。

一·二·一〇　中年人则是保守的，镇定的，妥协的，强于理智的，自私的。

一·二·六“繁华”“嘈杂”是形容词，“学生”“文化”是名词，一是具体的，一是抽象的。从词义和词性上看，这些并列在一起，真是不伦不类；这些又怎样能够“交流”呢？这句话也许可以说：“可是现在它变成了一条繁华而嘈杂的学生街和文化街。”一·二·七只消说“一般平民的食品、饮料和住屋”就好。按作者原意，并列的三项是平等的；第三项特别加上“他们的”一词，虽然只是来点儿花样，可是会教人误认作者是所侧重，倒不如整齐的好。一·二·八全句别扭。“富有爱国精神”和“无畏”都是句子样式的形容语，长短却相差很多。照我们诵读的节奏，长的放在短的后面顺口些。“无畏”其实只是“勇敢”的意思；我们可以说“这勇敢而富有爱国精神的学生运动”。但这里重在属性，怕还该叠用“的”字；不该说“勇敢而”，却该说“勇敢的”。一·二·九“与”字不如“而”字。但食品可以“滋养丰富”，“食堂”不能。“我们需要的是一个清洁而能供给滋养料的食堂。”一·二·一〇并列的各项属性，不免有点儿杂乱。删去“镇定的”，将“强于理智的”排在最后，条理也许清楚些。那样，“保守的”到“自私的”便是递升的并列式；“强于理智的”虽还不免畸零，但比同列的别的词和短语都长，让它独自挂脚，也可勉强过去。综括以上五例，可以说是词序不整的病。

以上都是从词的并列着眼。

一·三·一　我同世（人名）舍了这里，踱上一条小径。

一·三·二　过一会儿妹妹要吃糖，我斥道，“这是给爹预备的。”

一·三·三　读书最宜于春日，盖春日的天气，不冷不热，比较平日要长些。

一·三·四　至于我们开膳的办法。

一·三·五　菜不够吃，而且饭亦时告中断。

一·三·六　我在下午温习功课告一段落的时候，乘兴兀自到翠湖公园闲逛。

一·三·七　哈哈！不要闲磕牙了。

一·三·一“舍”，一·三·二“斥”，一·三·三“盖”，都是文言里的词，现在白话文没有这么用的。看上去文绉绉、酸溜溜，和上下文不能打成一片，有些碍眼。“舍了”换成“离开”，“斥”换成“喝”，“盖”换成“因为”，就行了。一·三·五“时告中断”，也是文言的短语，情形相同；可以说“饭也有时太少”，或“饭也有时来不及”。一·三·四“开膳”，是白话“开饭”和文言“膳食”的混合短语，显得不自然，不如直说“开饭”痛快得多。一·三·六“兀自”，一·三·七“闲磕牙”，都是元曲里的方言。“兀自”似乎是“还是”“老是”的意思。一·三·六的作者却当作“独自”；不如便说“独自”好了。“闲磕牙”似乎是“闲撩”（“撩”又写作“聊”）的意思。一·三·七的作者却当作“瞎说”；不如就用“瞎说”好了。这种古白话，即使用得意思不错，也不合适，和掺用文言词语一样情形。这些是夹杂古语的病。

一·三·八　又以国家衰弱，及自己无力抵御欺（外）侮，空（平）白生出许多奇异幻想。

一·三·九　这以中年人说，他们是无进取的勇气。

一·三·一〇　以我们平凡的眼光看来，并没有什么特别的地方。

一·三·一一　给我们以美感。

一·三·一二　北平有许多值得人们回忆的特点，而以风给予人的印象最深。

一·三·一三　一个在以强力侵略为能事的帝国主义的压制下的弱国。

一·三·一四　青年人的处世接物是忠实的，坦白的，中年人的处世接物则以圆滑为原则。

“以”和“则”都是文言的连词，白话文用的却非常多；好像就没有别的相当的词语，非用这两个词不可的样子。其实也不尽然。这里一·三·八的“以”字，可改说“因为”，一·三·九可以说“就”，一·三·一〇可以说“拿”或“照”，一·三·一一和一·三·一二都可以删掉“以”字。一·三·一三按句义看，“以强力侵略为能事的”一语尽可删去；“以……为能事”这个熟语，白话文也用不着，但“以……为……”这句式用处很多，白话文里却没有相当的。如“本会以联络感情、交换知识为宗旨”原算文言，白话可也得这么说。若改成“本会的宗旨是联络感情、交换知识”，固然也明白，可就不够分量似的。一·三·一四“以圆滑为原则”，若改成“是圆滑的”，分量也不同。但这例里的“则”字，尽可以改“却”字。白话文的“则”字，似乎都可以换成“却”字，或“就”字，或“那么”那个短语，并没有困难，作白话文的爱多用“以”和“则”这两个连词，只是懒。这可以说是因袭文言的病。

以上都是从沿用文言着眼。

一·四·一　他要训练大众，产造一个蓬勃的社会。

一·四·二　兴盛多闹的街啊！

一·四·三　一个丑貌的胖老妇。

一·四·四　七嫂子越长越丰肥了。

一·四·五　（风）一时从后面吹来，使你向前蹲上好几步。

一·四·六　因为我口才的不好，说话总被人认为趣材。

一·四·七　操着那急速而带有些气愤的步伐。

一·四·一“产造”，其实是“产生”或“创造”。一·四·二“多闹”，只是“热闹”。一·四·三“丑貌的”，其实是“丑的”或“丑陋的”；这句话也可以说，“丑而胖的老妇”。一·四·四“丰肥”，只是“胖”。一·四·五“蹲”，其实是“冲”（去声）。一·四·六“趣材”，其实是“打趣的材料”。一·四·一到一·四·四的作者，似乎都在有意避熟就生，创造新语。避熟和创新是好的；语言的生长，这是主要的力量。但得有必要才成。时代改变了，环境改变了，有些旧语不确切了，不适宜了，不够表现了，避熟创新是必要的。我们的时代显然是有这个必要的时代。但是像“产生”“创造”“热闹”“丑”“丑陋”“胖”这些词，都还活泼泼的，用不着替身；这几例里所换的新词，反倒见得不亲切。其中“丑貌的”一语，更是文言白话的生凑。一·四·五的作者，也许不知道“冲”（去声）这个词，一·四·六的作者也许不知道“打趣”这个短语，他们觉得有必要创造新语。但按一般的标准看，这些并不是必要的。一·四·七“操”，在文言里原有“使用”的意思，如“操舟”之类；引申为“操练”，就是“练习”。我们说“体操”“军操”，正用的这个意思。一·四·七是描写学生在阅览室里找不着空位子跑出去的情形。说“用着那急速而带有些气愤的步伐”，固然太松泛；说“走着那急速而带有气愤的步伐”，也还见不出那神气。只有“操着”，教我们联想到“体操”和“军操”，才能领会到那股劲儿。只在这种情势之下，避熟创新才是必要的。至于上面几例，都可以说是滥增新语的病。

一·四·八　散步可以说是我日常的功课，无论怎样忙，在饭后也要为它牺牲半个钟头。……它在富兰克林和爱迪生的养身秘诀（里）也占有很重要的地位。它不独在理论上是合法，而且实用起来，也的确够味。

一·四·九　它们（指道德和体格的修养）是需相当长久的时间。

一·四·一〇　和着恐怖奔腾澎湃呼呼的风声。

他称代词的“她”“它”（同“牠”），都是适应翻译的需要而新造的词。白话文受翻译文体的影响极大，也便通用了这两个词。但在我们口里，女性的他称本来也说“他”，现在只是在写下来时换了偏旁，改变很小，所以“她”字到处好用。“它”便不一样。我们口语里向来大都只说“这”“那”“这东西”“那东西”“这件事”“那件事”“这些”“那些”，惟有在“管他呢！”“听他去好了！”一类句子里，“他”有时是指一件事，一种情形，似乎相当于“它”字。但都是轻读，没有重读的，和“它”字毕竟不同。现在的白话文，渐渐接受了“它”这个词。可是只在用作单数来指有形和无形的“物体”时，看着顺眼；若用着复数，或用来指事件、情形、抽象观念，就似乎太生硬、太拗了母舌了。原来“它”和“他”“她”读音相同，跟西文三词异音的不一样；有点儿限制，也是当然的。一·四·八的“它”若改为“这件事”，一·四·九的“它们”若改为“这些”或“这件事”，便不致像现在这样的别扭了。一·四·一〇“和着”，照原作上看，并不是“应和”的意思，而是连词。那么，只是说“和”就够了。作者用“和着”，是想教“和”字带动词性，造一个新语。但尽可说“夹着”或别的，用不着这么办。这些可以说是强变词例的病。

以上都是从创用新词着眼。